- 中国非公有制经济人士浙江研究基地 资助
- 宁波大学一流专业建设项目——会计学 建设成果之一

基于财务控制的中小企业风险管理

黄惠琴◎著

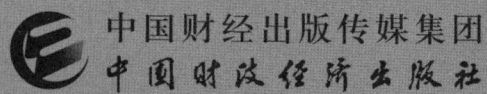

中国财经出版传媒集团
中国财政经济出版社

图书在版编目（CIP）数据

基于财务控制的中小企业风险管理/黄惠琴著. ——北京：中国财政经济出版社，2019.10
ISBN 978－7－5095－9249－6

Ⅰ.①基… Ⅱ.①黄… Ⅲ.①中小企业－财务管理－风险管理－研究 Ⅳ.①F276.3

中国版本图书馆 CIP 数据核字（2019）第 206916 号

责任编辑：周桂元　　　　责任校对：李　丽
封面设计：孙俪铭　　　　责任印制：张　健

中国财政经济出版社 出版

URL：http：//www.cfeph.com
E－mail：cfeph@cfeph.cn

（版权所有　翻印必究）

社址：北京市海淀区阜成路甲 28 号　邮政编码：100142
营销中心电话：010－88191537
天猫网店：中国财政经济出版社旗舰店
网址：http：//zgczjjcbs.tmall.com
北京财经印刷厂印刷　各地新华书店经销
787×1092 毫米　16 开　13.25 印张　220 000 字
2019 年 12 月第 1 版　2019 年 12 月北京第 1 次印刷
定价：50.00 元
ISBN 978－7－5095－9249－6
（图书出现印装问题，本社负责调换）
本社质量投诉电话：010－88190744
打击盗版举报热线：010－88191661　QQ：2242791300

前言

再次把自己 10 年前的博士论文翻出来，整理成稿，不禁百感交集。本人自获得管理学博士学位以后，参加了宁波市会计领军人才班的学习，又相继担任了几个上市公司的独立董事。近 10 年和宁波市的中小企业打的交道也越来越多，深感目前民营中小企业经营的不易。它们不仅要面对复杂多变的经济形势，还要不断提升自己的管理水平。好在中国的中小企业在历经风雨后逐步走出了一条适合自己发展的道路。尤其是在财务管理水平和财务控制意识方面有了长足的进步。自 2014 年以来，我国强力推动管理会计在企业中的应用，促使中小企业不断熟悉管理控制手段在企业中的运用，企业从降本增效、预算控制、绩效管理等方面加强经营风险和财务风险的管理。本书从财务控制的角度提出中小企业财务风险管控的基本框架，揭示了中小企业财务风险的系统要素及形成机理，给出了一套适合中小企业的财务风险评价体系，进而提出中小企业财务风险控制的优化措施，以期为加强中小企业财务控制和风险管理能力提供理论指导和实践参考。

成稿之际，正值酷暑。但这份收获给我带来春华秋实的感觉。在书稿不断修改的过程中，我加入了近年做企业财务顾问和管理咨询的真实感受，站在为企业解决问题的角度对内容进行了再次梳理。

感谢可以安静独处的时光，感谢默默支持的家人和朋友，感谢我的学生杨泽巍替我画了本书所有的图，感谢我的儿子帮我核对了所有公式和表格。

忠实财务，价值至上。

黄惠琴

2019 年 8 月于宁波

目录

引言 …………………………………………………………………… 1

第一章 企业财务控制与财务风险管理的基本理论 ………… 3
 第一节 财务控制的相关理论 ……………………………… 3
  一、财务控制的经济学基础 ………………………………… 3
  二、财务控制的管理学基础 ………………………………… 4
  三、财务控制的演化过程 …………………………………… 5
 第二节 财务风险管理的相关理论 ………………………… 8
  一、风险的相关理论 ………………………………………… 8
  二、财务风险的分类 ………………………………………… 11
  三、风险管理的基本知识 …………………………………… 14
  四、企业财务风险的管理流程 ……………………………… 26
  五、企业财务风险管理的作用 ……………………………… 28
 第三节 企业财务控制和财务管理的方法论 ……………… 29
  一、系统论方法 ……………………………………………… 29
  二、控制论 …………………………………………………… 30
  三、博弈论 …………………………………………………… 31
 本章小结 ………………………………………………………… 33

第二章 中小企业的财务控制机制 ……………………………… 34
 第一节 我国中小企业的财务管理特征 …………………… 34
  一、我国中小企业的界定标准 ……………………………… 34
  二、中小企业的资金运行系统分析 ………………………… 37
  三、中小企业不同发展阶段的财务战略 …………………… 39

第二节　我国中小企业的财务管理现状分析 ………………… 41
　　一、我国中小企业财务管理存在的问题 ………………… 41
　　二、中小企业融资难的不完全信息动态博弈分析 ……… 43
　　三、中小企业投资活动及风险分析 ……………………… 47
第三节　我国中小企业的财务控制机制分析 ………………… 56
　　一、中小企业财务控制的构成要素 ……………………… 56
　　二、中小企业财务控制的设计原则 ……………………… 58
　　三、中小企业财务控制的主要内容 ……………………… 59
本章小结 …………………………………………………………… 61

第三章　财务控制下中小企业财务风险管理框架设计 …… 62

第一节　财务控制与财务风险管理的逻辑关系 ……………… 62
　　一、两者的联系 …………………………………………… 62
　　二、两者的区别 …………………………………………… 63
第二节　中小企业财务控制与财务风险管理的整合框架 …… 63
　　一、COSO 企业风险管理框架的基本内容 ……………… 64
　　二、基于 COSO-ERM 的中小企业财务风险管理框架 … 66
　　三、基于 COSO-ERM 的中小企业财务风险管理框架
　　　　的构成要素 …………………………………………… 67
第三节　财务风险管理与财务治理和财务战略的整合框架 … 71
　　一、财务风险管理与公司财务治理的整合系统 ………… 72
　　二、财务风险管理与财务战略管理的整合系统 ………… 72
本章小结 …………………………………………………………… 74

第四章　中小企业内部环境、目标设定及财务风险识别 …… 75

第一节　中小企业内部财务控制环境分析 …………………… 75
　　一、企业财务文化 ………………………………………… 75
　　二、管理者的素质 ………………………………………… 76
　　三、财务治理机构 ………………………………………… 78
　　四、人力资源政策 ………………………………………… 79
　　五、外部的影响 …………………………………………… 80
第二节　中小企业财务目标设定 ……………………………… 82

一、中小企业财务目标设定的方法 …………………… 82
　　二、中小企业财务风险控制的总体目标 ……………… 83
　第三节　中小企业财务风险的识别 ………………………… 85
　　一、中小企业筹资风险的识别 ………………………… 85
　　二、中小企业投资风险的识别 ………………………… 90
　　三、中小企业资金回收风险的识别 …………………… 94
　　四、中小企业收益分配风险的识别 …………………… 97
　本章小结 ……………………………………………………… 99

第五章　财务控制下中小企业财务风险的评估与预警 ……… 100
　第一节　中小企业财务风险的评估体系设计 …………… 100
　　一、中小企业财务风险的评估指标设计 …………… 100
　　二、中小企业财务风险的评估模型 ………………… 103
　第二节　中小企业财务风险控制的评估体系设计 ……… 106
　　一、评估指标的选择 ………………………………… 107
　　二、评估标准的确立 ………………………………… 108
　　三、评估方法设计 …………………………………… 109
　第三节　中小企业财务风险预警体系设计 ……………… 112
　　一、中小企业财务风险预警系统的功能 …………… 112
　　二、中小企业财务风险预警机制的构成 …………… 113
　　三、中小企业财务风险预警系统指标体系构建 …… 116
　本章小结 …………………………………………………… 124

第六章　中小企业财务风险的反应与控制 ………………… 125
　第一节　中小企业财务风险的反应策略 ………………… 125
　　一、财务风险规避 …………………………………… 126
　　二、财务风险保留 …………………………………… 126
　　三、财务风险转移 …………………………………… 127
　　四、财务风险降低 …………………………………… 128
　第二节　中小企业财务风险的控制策略 ………………… 128
　　一、筹资风险的控制 ………………………………… 128
　　二、投资风险的控制 ………………………………… 131

三、资金回收风险的控制 …………………………………… 132
　　四、收益分配风险的控制 …………………………………… 135
　第三节　中小企业财务控制体系的完善 ……………………… 136
　　一、加强企业内部控制环境建设 …………………………… 136
　　二、构建企业内部部门控制管理体系 ……………………… 137
　　三、强化财务战略控制 ……………………………………… 139
　　四、实施全方位协调与控制 ………………………………… 139
　本章小结 …………………………………………………………… 140

第七章　中小企业财务风险的信息系统、沟通与监控 ……… 141
　第一节　信息系统与沟通 ……………………………………… 141
　　一、信息系统 ………………………………………………… 141
　　二、沟通 ……………………………………………………… 142
　第二节　中小企业财务风险的监控 …………………………… 143
　　一、日常经营中的监督 ……………………………………… 144
　　二、定期评价 ………………………………………………… 146
　　三、个别评价 ………………………………………………… 146
　　四、加强我国中小企业财务风险的监控 …………………… 147
　本章小结 …………………………………………………………… 148

第八章　MJ 公司财务风险管理案例分析 ……………………… 149
　第一节　MJ 公司财务风险管理体系分析 …………………… 149
　第二节　MJ 公司财务风险的综合评价 ……………………… 151
　　一、MJ 公司财务风险评价结果 …………………………… 151
　　二、MJ 公司财务风险控制体系的评价 …………………… 153
　第三节　MJ 公司财务风险管理的改进措施 ………………… 156
　　一、不断优化控制环境 ……………………………………… 156
　　二、不断加强财务控制 ……………………………………… 157
　本章小结 …………………………………………………………… 158

第九章　中小企业的内部管理报告控制案例分析 …………… 159
　第一节　DL 公司管理和控制现状分析 ……………………… 159

一、DL 公司管理现状分析 …………………………………… 160
　　二、DL 公司财务控制现状分析 ………………………………… 162
　第二节　内部管理报告体系的理论基础 ……………………………… 162
　　一、组织理论与内部管理报告 …………………………………… 162
　　二、微观信息经济学与内部管理报告 …………………………… 164
　　三、管理控制与内部管理报告 …………………………………… 165
　　四、阿米巴经营模式与内部管理报告 …………………………… 165
　　五、内部管理报告体系框架 ……………………………………… 166
　第三节　内部管理报告体系在 DL 公司的实践与运用 ……………… 167
　　一、组织架构的重构 ……………………………………………… 168
　　二、内部管理报告体系的运行环境与实施过程 ………………… 171
　　三、内部管理报告编制原则与步骤 ……………………………… 174
　　四、内部管理报告体系在实践中的创新与成效 ………………… 174
　　五、内部管理报告体系的成功实践与运用对业界的影响 ……… 176
　本章小结 ………………………………………………………………… 177

第十章　中小企业风险管理发展展望 …………………………… 178
　第一节　中小企业财务管理制度创新 ………………………………… 178
　　一、中小企业财务管理制度的重要性 …………………………… 178
　　二、中小企业财务管理制度创新的重要性 ……………………… 181
　　三、中小企业财务管理制度创新的实现 ………………………… 183
　　四、中小企业财务管理制度创新中需要注意的问题 …………… 188
　第二节　内部控制及全面风险管理理论的发展 ……………………… 191
　　一、我国内部控制的发展 ………………………………………… 191
　　二、企业风险管理框架的演变 …………………………………… 193
　　三、理论发展对我国企业风险管理的启示 ……………………… 196
　第三节　中小企业财务风险管理发展展望 …………………………… 197
　　一、本书的总结 …………………………………………………… 197
　　二、中小企业财务风险管理发展展望 …………………………… 198

参考文献 ……………………………………………………………… 201

引 言

中小企业是国民经济发展的重要力量,以其规模较小、生产经营灵活并富有弹性等特点,在整个市场主体中占据着重要地位。目前,中小企业数量占中国企业总数的 99% 以上,其中 300 人以下的小企业占 95.8%;对 GDP 的贡献率超过 60%;对税收的贡献率超过 50%;提供了近 70% 的进出口贸易额;创造了 80% 左右的城镇就业岗位。中小企业的发展对于地区经济的发展和腾飞发挥了巨大的作用,成为中国经济中越来越引人瞩目的力量。然而,我国大部分中小企业管理比较落后,局限于生产经营型管理,片面追求产品销量和市场份额,忽视了财务控制的重要作用,没有充分发挥财务控制和风险管理的作用,抵抗风险能力较弱。尤其在当前全球经济低迷和通货膨胀的严峻形势下,中小企业出口下降、成本上升、资金短缺、融资困难,经营状况堪忧,面临生存危机。同时,由于受宏观经济环境变化和体制的影响,中小企业在财务管理和财务控制方面遇到了不少阻碍。例如,政策的"歧视"使中小企业和大型企业不能公平竞争;地方政府及行业管理部门一些不合理的干预,使中小企业的财务管理目标短期化,缺乏企业价值最大化的长远目标;基于中小企业以民营资本为主,财务管理受经营者的影响过大等。中小企业在财务管理方面的问题主要有以下几个:

1. 财务控制非常薄弱

中小企业缺乏对资金的控制或预算管理,由此造成资金闲置或不足;同时,中小企业应收账款周转速度比较缓慢,资金回收困难现象比较普遍;此外,中小企业对存货的控制能力也比较薄弱,由此导致资金呆滞。

2. 财务负债过多

一些高成长的中小企业为了实现快速扩张,热衷于负债经营。盲目举债给中小企业带来巨大的经营成本和财务压力,偿债能力也日渐减弱,短债长用和短筹长贷导致严重的财务风险,潜在的支付危机随时都可能爆发。

3. 财务危机频发

中小企业扩张过度容易因经营管理不善或战略性决策失误导致经营持续亏损，大大削弱其偿债能力，进而导致中小企业无法偿还到期的债务，产生重大财务危机。

为求生存与发展，中小企业必须结合自身的特点，针对财务控制各方面薄弱环节，从建立严密的财务控制、现金流量预算、应收账款、实物资产、成本和财务风险等控制制度入手，加强财务风险管理。然而，当前理论界针对集团公司的财务控制研究较多，而对内部控制相对薄弱的中小企业则缺乏研究；在对中小企业风险管理的研究上，绝大部分学者又专注于中小企业融资风险的研究，缺乏对中小企业全面财务风险管理的研究。事实上，由于在经营规模和财务结构等方面的显著差异，中小企业和大型企业的财务控制体系也存在明显不同。同时，中小企业面临的形势和环境更加恶劣，对加强财务控制和抵抗财务风险能力的要求更加迫切。因此，以中小企业为研究对象，从理论和实践角度来构建基于财务控制的中小企业财务风险管理体系便具有很强的理论价值和现实意义。

本书从财务控制的角度提出中小企业财务风险管控的基本框架，揭示中小企业财务风险的系统要素及形成机理，给出一套适合中小企业的财务风险评价体系，进而提出中小企业财务风险控制的优化措施，为提升中小企业财务控制和风险管理能力提供理论指导和实践参考。本书的意义首先在于进一步丰富了中小企业财务控制和风险管理理论。作为财务管理的一项重要内容，对中小企业财务控制的研究可以克服传统研究偏重集团公司而忽视中小企业、偏重融资风险而忽视其他财务风险的倾向，有利于进一步完善中小企业财务控制和财务风险管理理论，具有较大的理论价值。其次，为加强我国中小企业内部控制和财务风险管理提供理论指导。本书的内容有助于中小企业有效防范和抵御财务风险，更好地实现创新和发展。中小企业管理者在充分了解财务风险的来源、特征和正确评价、预测财务风险的基础上，可以对财务风险进行控制和防范，一旦发现某种异常征兆就应着手应变，以避免或减少损失。最后，本书可以为我国中小企业的投资者和政策制定者提供决策依据。我国99%以上的企业都属于中小企业，中小企业已经成为我国经济中越来越重要的力量。加强中小企业的财务风险管理，能够真实地反映我国中小企业的总体发展情况，进而为投资者和管理层提供决策依据。

第一章

企业财务控制与财务风险管理的基本理论

第一节 财务控制的相关理论

一、财务控制的经济学基础

1. 交易费用下的委托—代理理论

美国经济学家伯利和米恩斯在 20 世纪 30 年代提出了"委托—代理理论"（Principal – Agent Theory），他们认为企业的所有权和经营权应该分离，企业所有者应将经营权进行转让而只保留剩余索取权。此理论是随着社会大生产的发展以及社会分工的深化而产生的。当今世界无论是经济领域还是社会领域，委托—代理关系普遍存在。企业规模不断扩大而所有者由于知识、能力和精力的有限而不能参与行使企业的所有权利，并且随着社会分工的细化出现了大批具有专业知识的经理人，他们有能力、有精力根据所有者的要求高效地完成委托—代理工作。但是在委托—代理的过程中，由于委托人和代理人的利益诉求不同，委托人追求财富最大化，代理人追求个人收入最大化和闲暇时间最大化，两方目标函数的不一致会引起两者的冲突，因此需要完善有效的制度来调节委托—代理的关系，使得效益公平。

交易费用理论是指在市场无缺陷、运转顺畅不会失灵的情况下，企业所有者可以通过良好的企业内部管理而减少交易费用。在企业中，股东拥有企业全部的剩余控制权和剩余求偿权,有最大的动力去监督和管理企业使其正常高效运转。并且,股东追求财富最大化导致经营者在经营过程中更加注重降低成本,以维持企业的生存和持续发展,因此提高劳动生产率、降低成本成为企业内部财务控制的主要目标。

2. 不完全契约理论

现代企业制度和经理革命导致企业的所有权和经营权分离,形成了资金筹集和使用的代理关系,委托人提供资源,代理人使用资源。然而,由于两者之间不完善的契约制度引起经营风险,企业所有者通过投资组合等方式将经营风险转移给其他利益相关的群体。经营者由于只取得固定的工资收入而不需要承担经营风险。因此契约不完全理论下企业的财务控制包括委托人对代理人的控制和代理人对经营活动的控制。

3. 利益相关理论

Aoki(1984)指出,在现代市场经济条件中企业是股东、债权人、债务人以及员工等利益群体的投入集合,而不仅仅是实物资产的集合。因此,该理论认为企业是利益相关群体缔结的契约组织,企业为了服务相关利益群体而运作,各利益群体的长期良好合作决定企业的发展,企业平等的产权权益制度安排促进各利益群体的高效长期合作。因此,按照该理论,企业的利益相关群体都为企业贡献了专用性资产,企业在财务控制中要关注平等配置各利益群体的权利,公司应该将财务控制权分配给每个利益相关者。因此,利益相关者理论认为,财务控制应该注重内外多角度多利益主体的环境控制,以及控制方法和监督、评价、沟通的应用。

二、财务控制的管理学基础

"现代管理学之父"亨利·法约尔在1908年提出了管理的计划、组织、指挥、协调和控制五大职能。他认为,这里的控制是指各项工作与计划及已定指示、原则是否相符合,通过对工作进行实时监控发现存在问题和缺点以便及时纠正并避免重犯。南京大学周三多教授进一步提出了控制工作的主要内容,即控制标准的确定、对业绩的评估和偏差的纠正。选择关键的经营控制环节、制定合理的控制制度、及时收集控制信息对有效地进行控制提供保障,并且要合理应用预算和非预算控制手段。可见,控制是管理的一个重要职能。

闫华红(2006)在其所著的《财务成本管理》一书中明确提出财务管

理包括财务预测、财务决策、财务控制和财务分析等。对于财务管理的中心环节有学者们提出了许多观点，但是大部分可归纳为三种，即筹资、投资与分配，财务决策，财务控制。管理学理论认为，财务控制是财务管理体系的一个重要组成部分，并没有作为一个单独学科进行研究。管理学理论同时认为，财务控制是以制度管理为特征，对企业管理中的各种问题运用财务制度来解决、协调和指导各部门的财务活动以实现企业的总体目标，财务控制的目标就是协调、沟通各种财务行为使其顺利整合，从而追求企业财务利益最大化。

西安交通大学的杨淑娥博士第一次将财务控制和会计、审计分离。杨博士认为，企业是一个多层次复杂的控制系统，会计控制和管理控制是主要的企业内部控制，而管理控制包括组织控制、经营控制、财务控制、内部审计、人力资源控制等。其中由于财务控制需要不同部门、不同层次共同配合，也是内部控制中连接会计控制和管理控制的纽带。因此，财务控制是内部管理控制的主要组成部分。然而，杨淑娥只对财务控制和财务治理相结合进行研究，尚未考虑企业治理的其他因素。

综上所述，目前对财务控制的研究尚不全面详细，没有专业的财务控制研究，从而导致企业内控中财务控制的薄弱，财务控制地位不高，因此需要给予更多的关注和进一步研究。

三、财务控制的演化过程

财务控制的演化过程主要分为以下三个阶段：

1. 企业活动的财务控制阶段

在早期，财务控制仅仅针对生产活动，而随着社会化大生产以及竞争的日益激烈，企业生产规模逐渐增大，企业间的竞争不再是产量而是成本的竞争，因此财务控制主要集中在控制成本和提高劳动生产率方面。泰罗的科学管理理论就是在这种背景下产生的。他对生产过程进行全面的研究分析，舍弃无效时间和活动，制定标准的操作规程，并对机械设备、工具以及工序都进行标准化，从而提高工人熟练程度，减少无效作业时间，通过对工人生产过程的控制来实施成本控制。在1929~1933年的世界性经济危机期间，大量企业倒闭，企业管理者开始意识到随着竞争的激烈企业要以销定产、形成合理的内部资本结构，从而保持良好的偿债能力，根据未来需求进行合理预算、规划。企业在加强内部控制的同时要积极关注外部环境的变化。这一阶段的财务控制从内部生产活动的财务控制，发展为外部环境和经营活动的财务控制，直到对未来活动的财务控制。

2. 多层次、多方位的财务控制阶段

19世纪末20世纪初经营权和所有权相分离的股份制企业开始出现了，然而此时管理混乱、股东对公司运作不关心，"搭便车"现象严重，导致经理选择董事、控制董事，从而经理对企业拥有较大的控制权，贪污、造假等损害股东利益的行为频繁发生。

在20世纪30年代，为了保护股东利益，经济学家提出了委托—代理理论。为了提高代理人的工作积极性，实现企业效益最大化，必须建立完善的委托—代理制度对代理人进行激励和约束。在这种情况下出现了董事控制经理、经理控制生产经营活动两个层次。同时财务总监和注册会计师都会对企业内部和外部财务行为进行监控和审核，对经理行为产生了约束，并且完善的经理人市场也对经理人行为起到了约束作用。因此，20世纪70年代进入了以人为主的多层次、全方位的财务控制阶段。

3. 以内部综合控制等为重要内容的财务控制阶段

20世纪80年代，涵盖内部控制环境、会计制度和控制程序的完善内部控制结构开始出现，1992年，美国反财务欺诈委员会下属的内部控制专门研究委员会COSO（Committee of Sponsoring Organizations of the Treadway Commission），提出《内部控制整体框架（Internal Control-Integrated Framework）》的专题报告（又称COSO报告），提出了内部控制的主要框架：控制环境、风险评估、控制活动、信息和沟通、监督。该框架在世界范围内得到广泛应用，从此之后，财务控制进入了内外结合、多角度的综合控制阶段。

就我国而言，1978年以前内部控制主要是对生产经营活动的控制，包括产量控制、成本控制、资金控制。随着改革开放的深入和世界经济一体化的发展，我国中小企业逐步成为自主经营、自负盈亏的市场主体，逐渐意识到适应市场环境的重要性。因此，中小企业不断关注市场环境变化，根据市场需求进行生产，并且企业越来越重视财务控制。中小企业也将所有权和经营权分离，形成了股东大会—董事会—经营者—经营活动的多层次多角度的财务控制体系，并逐步通过注册会计师的审计等外部控制措施加强企业内部控制。

综上所述，财务控制演化过程的主要特点如下：

（1）财务控制的内容随着环境的变化而逐渐扩大范围，不仅关注现在而

且关注未来

19世纪末20世纪初，企业的财务控制主要集中于成本的控制，1929~1933年经济危机的发生使企业更加关注负债和资金的控制，并开始关注未来市场需求变化，20世纪50年代以来，企业面临的竞争环境更加激烈，所以企业以控制未来财务活动为主要内容，根据未来环境制定预算和财务战略，财务控制随着环境的变化日益复杂。

（2）对企业财务活动由直接控制转变为间接控制，由单一控制转变为多层次、多方位控制系统

最初，企业财务活动由企业直接控制，随着经营权和所有权的分离，这种直接控制逐渐变为间接控制，如图1-1所示。

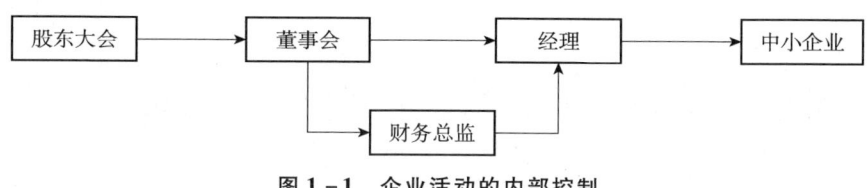

图1-1　企业活动的内部控制

此后，随着委托—代理理论的完善，同时增加了外部的控制，如图1-2所示。

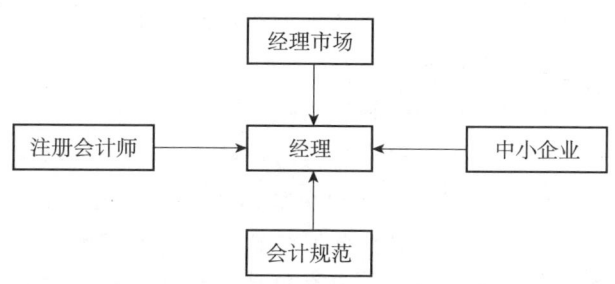

图1-2　企业活动的外部控制

（3）由内部控制转变为内外结合控制，且内部控制的内容更加全面

随着所有权和经营权的分离，企业所有者不仅关注内部活动的控制，而且开始通过外部经理人市场和财务总监、注册会计师控制企业经理。通过这种内外结合的控制方式实现对企业的间接高效控制。同时，企业内部控制由单纯的控制生产活动开始转化为以人为主的对企业活动、环境、程序、风险评估、会计制度等的综合控制，控制内容更加全面。

（4）由动态财务控制转变为动态与静态财务控制相结合，且动态控制更

加完善

动态的财务控制是指对生产经营整个过程的财务控制，包括预算管理和财务总监代理制。企业根据未来需求进行预算管理，并实时地将预算的执行情况与细化的目标进行对比，检查执行效果和存在问题，不断总结经验和教训，完善预算管理。对于所有权和经营权分离的企业，财务总监以出资者的身份来监督、控制经营者的财务活动和企业全部财务收支。

静态财务控制是指通过对经营成果的分析来进行控制，如年终注册会计师对财务报告进行审计等。经营者与所有者没有分离时，对企业的控制只是预算管理的动态控制；当经营者与所有者分离时，对企业的过程控制开始增加了财务总监的委派，而且还增加了注册会计师审计的静态控制。

第二节　财务风险管理的相关理论

一、风险的相关理论

要研究中小企业财务风险管理的问题，首先要明确风险的含义，定义风险的概念。什么是风险、风险的理论依据和基础是什么？

风险概念有不同的观点或见解。

在现代市场经济中，营利机制与风险机制是并存的。企业在资产经营管理中，在追求利润最大化的过程中，时时面临着风险。可以说，如何在风险条件下实现财务目标已经成为现代财务管理的首要问题，这一点许多企业、个人都已经认识到了。但由于对财务风险这一概念的理解存在误区，导致企业财务风险管理的不全面。通过对财务风险概念的辨析，可以发现企业、个人在财务风险管理中存在漏洞的原因。

财务风险的概念源于风险概念。对风险的理解，国内外学术界迄今尚无统一的认识。

1. 风险的一般含义

根据《韦氏国际大辞典》（第三版）的解释，风险（risk）有两层含义：其一，易变化的特性或状态，缺乏肯定性，即不确定性（uncertainty）；其二，具有无常的、含糊的或未知性质的事物。根据《辞海》（上海辞书出版社，2009 年版）的解释，风险是指人们在生产建设和日常生活中遭遇可能导致人身伤亡、财产受损及其他经济损失的自然灾害、意外事故和其他不测事件的可能性。风险在英语中有三个表达词汇：risk、peril 和 hazard。根据 risk 的词义，风险是指不利事件发生的可能性；根据 peril 的词义，风险是指所发生的不利事件本身，如火灾、洪水、车祸等；根据 hazard 的词义，风险是指不利事件发生的条件，即发生事故的前提、环境、诱因等，如涉及火灾事故，风险往往指物品的质地、周围的火种环境、气象条件等。

2. 风险的经济学含义

1901 年美国的威雷特在他的博士学位论文《风险与保险的经济理论》中第一次为风险下了这样的定义"风险是关于不愿发生的事件发生的不确定性之客观体现"。此后，学术界对风险的定义有很多的研究，但对风险的认识大致可以归纳为三种观点：

第一，"不确定性观"——风险是事件的未来不确定性，或风险是可用具体概率来描述的不确定性；

第二，"危险损失观"——风险是可能发生的危险和损失；

第三，"结果差异观"——风险是实际结果与预计结果之间的差异，或风险是实际结果之间的差异。

3. 风险的分类

为了有效地进行风险管理，对各种风险进行分类是必要的，只有这样才能对不同的风险采取不同的处置措施，实现风险管理目标的要求。按照不同的分类基础，风险分为以下几类：

（1）按主客观原因，风险可以分为客观风险和主观风险

客观风险是指实际结果与预测结果之间相对差异和变动程度，这种变动程度越大，风险就越大；反之，风险就越小。主观风险则是一种由精神和心理状态所引起的不确定性。它是指人们往往对某种偶然的不幸事件造成损害的后果在主观方面有所忧虑。虽然人们可以借助概率论这一数学方法将损失的不确定性加以测定，但对于具体的某一风险究竟产生什么后果，仍然不能确定，充满忧虑，也就是存在主观风险。

（2）按对象，风险可分为财产风险、人身风险、责任风险和信用风险

财产风险（property risk），指财产发生损毁、灭失和贬值的风险。如房屋、设备、运输工具、家具及某些无形资产因自然灾害或意外事故而遭受损失。人身风险（life risk），指人的生、老、病、死，即疾病、伤残、死亡等所产生的风险。虽然这是人生中不可避免的现象，但由于何时何地发生，并

不确定，而一旦发生，则会给家庭和经济实体带来很大的损失。责任风险（liability risk），指由于团体或个人违背了法律、合同或道义上的规定，形成侵权行为，造成他人的财产损失或人身伤害，在法律上负有经济赔偿责任的风险。责任风险还可细分为过失责任风险和无过失责任风险。前者指团体或个人因疏忽、过失致使他人财产受到损失或人身受到伤害；后者则指绝对责任风险，如根据法律或合同的规定，雇主对其雇员在从事工作范围内的活动中，造成身体伤害所承担的经济责任。信用风险（credit risk），指权利人与义务人在经济交往中由于一方违约或犯罪而给对方造成经济损失的风险。

（3）按产生的原因，风险可分为自然风险、社会风险、经济风险和技术风险

自然风险（natural risk），指由于自然力的非规则运动所引起的自然现象或物理现象导致的风险。如风暴、火灾、洪水等所导致的物质损毁、人员伤亡的风险。社会风险（society risk），指由于反常的个人行为或不可预料的团体行为所造成的风险。如抢劫、罢工、战争、盗窃、玩忽职守等。经济风险（economic risk），一般指在商品的生产和购销过程中，由于经营管理不力、市场预测失误、价格变动或消费需求变化等因素导致经济损失的风险，以及由于外汇汇率变动或通货膨胀而引起的风险。技术风险（technological risk），指由于科学技术发展所带来的某些不利因素而导致的风险。如核物质泄漏所致损失的风险。

（4）按性质，可将风险划分为静态风险和动态风险

静态风险（pure risk），又称纯粹风险，这种风险只有损失的可能而无获利的可能。也就是说，它所导致的后果只有两种，一种是损失，一种是无损失，是纯损失风险。静态风险的产生一般与自然力的破坏或人们的行为失误有关。静态风险的变化较有规则，可利用概率论中的大数法则预测风险频率，它是风险管理的主要对象。动态风险（dynamic risk），又称投机风险，指既有损失可能又有获利可能的风险。它所导致的结果包括损失、无损失、获利三种。如股票买卖、股票行情的变化既能给股票持有者带来盈利，也可能带来损失。动态风险常与经济、政治、科技及社会的变化密切相关，多为不规则的、多变的运动，远比静态风险复杂，很难用大数法则进行预测。动态风险在某些国家（如美国）不作为风险管理的对象。

（5）按承受能力，风险可分为可接受的风险和不可接受的风险

可接受的风险（acceptable risk），指经济单位在对自身承受能力、财务

状况进行充分分析研究的基础上，确认能够承受最大损失的程度，凡低于这一限度的风险称为可接受的风险。不可接受的风险（unacceptable risk），与可接受的风险相对应，是指风险已经超过经济单位在研究自身承受能力、财务状况的基础上所确认的承受最大损失的限度，这种风险不可接受。

（6）按对信息量的了解程度，风险可分为可视风险和真正风险

可视风险和真正风险的差别在于用于定义所期望结果的不确定性的程度的信息数量不一样。例如，一个 BOT 项目的成功经常是依靠项目执行者准确及时地利用现有信息和掌握的分析能力（或意愿），大大减少可视风险，因而资源能被有效地用来处理真正风险。

二、财务风险的分类

在财务管理过程中由于管理不善导致企业严重的经济损失的现象屡见不鲜，有的甚至导致公司破产倒闭，因此企业财务风险已经受到越来越多的重视，并将财务风险视为现代财务理论的核心内容。财务风险有广义和狭义之分，广义的财务风险按不同标准可以划分为不同的种类。

1. 按风险形成原因划分

根据财务风险形成的原因可以分为政治风险、法律风险、利率风险、市场竞争风险、经营风险。

（1）政治风险

政治风险是指由于政治因素的影响导致企业财务损失的风险。如国家的政策与政局稳定性、外交关系、国家政治体制等因素变化都会造成企业财务的损失。

（2）法律风险

法律风险是指由于法律因素引起财务损失的风险。随着知识经济和信息经济时代的到来，经济全球化发展速度加快，企业要受到更多的法律条例和规范的制约，并且随着法律政策不断完善，新的法律不断出现，这种不确定的法律变化更会影响企业的经营决策，从而导致财务目标的无法实现，造成风险损失。

（3）利率风险

利率风险是指由于利率的变化而引起的资产价格变化而带来的风险。利率风险也叫市场风险。

（4）市场竞争风险

由于竞争环境的不断变化而引起的企业财务损失风险即市场竞争风险。

竞争不仅给企业发展带来压力，同时也可以为企业发展带来动力，但是竞争会对财务目标的实现和收益带来极大的影响，从而引发风险。

（5）经营风险

由于企业内部不确定经营因素而引起的风险，如决策失误、投资失败、重大治理结构调整等。

2. 按资本运动的过程划分

资本的筹集、使用、耗费和回收分配的循环过程即资本运动，财务管理就是企业通过对资本运动进行良好的管理以实现价值最大化的目标。资本运动的各个环节构成了财务管理的主要内容，在资本运动过程中由于运作的不确定性而导致损失的可能性称为风险。根据资本运动过程可将风险划分为筹资风险、投资风险、资金回收风险和收益分配风险。

（1）筹资风险

企业为了生产或扩大再生产需要筹集资金，因此筹资是企业生产经营活动的起点。在瞬息万变的市场竞争环境中企业的筹资决策存在很大的不确定性，筹集资金的效益不能保证，因此存在筹资风险。企业一般通过所有者投资或借入资金来筹集资金，对于借入资金一般都需要按照严格的还款利率和还款期限执行。如果借入资金不能产生效益则会给企业带来巨大的经济损失和社会损失。因此借款风险主要体现在是否能按时还本付息。而所有者投资主要在于企业经营项目业绩的好坏和投资的成果，所有者筹资风险与企业的投资风险相对应。

（2）投资风险

投资风险是指项目不能达到预期效益指标而引起的企业风险，如企业获利水平、偿债能力下降等。投资风险主要包括投资项目不能获利、亏损或者利润率低于银行存款利率或资金成本率。如果用投资项目的收益期望值和期望值标准差来衡量投资风险的大小，收益期望值越小，标准差越大，表明某个投资方案的投资报酬率的平均水平越低，不确定性越大，投资风险就越大；反之，投资风险越小。

（3）资金回收风险

资金是企业生存的基础，是经营之本。充足的资金为企业的生产经营或正常运作提供保证，因此，资金回收在企业生产经营中占据重要的位置。资金回收一般包括成品资金到结算资金、结算资金到货币资金的转化过程。资金回收风险就是指转换过程中的不确定性引起资金回收的延迟或坏账从而引发的损失。国家的经济政策以及财政金融政策也会对资金回收过程产生影响，引发风险。同时企业的经营决策和治理水平也会影响资金回收风险的大小。因此，企业首先要扩大市场顺利完成产品销售，其次要关注资金回收顺利完成结算资金向货币资金的转化。企业要对合作伙伴的财务、信誉等情况有充分了解，合理使用各种销售手段，并加强对欠款的催收，对客户账龄进行分析，建立完善的应收账款催收制度，从而降低资金回收风险。

（4）收益分配风险

收益分配是指企业的经营成果对投资者的分配，是企业财务循环的最后环节。收益分配给企业经营带来明显的或潜在的不利影响就是收益分配风险。收益分配风险一般来自于两方面：一是由于客观因素和会计方法不当的影响而使成本计算不准导致收益分配金额偏高；二是为投资者分配利润的时间、形式和金额不当而引起的风险。如企业处于资金短缺的时候由于对投资者收益分配金额过高，会导致企业偿债能力下降，从而影响企业的再生产。

3. 按不同层次风险表现划分

根据企业中不同层次可将财务风险划分为战略性财务风险、总体性财务风险和部门性财务风险。

（1）战略性财务风险

战略性财务风险是指由于企业经营战略决策而给企业造成的风险。对于企业长期的、深远的战略决策要充分考虑引起风险的因素，采用合理的措施进行系统化的综合治理。

（2）总体性财务风险

总体性财务风险是指对企业整体造成损失的财务风险，如汇率的变动是企业整体面临的、会在一段时间内对整个企业经营运作造成风险的因素，属于总体性财务风险。

（3）部门性财务风险

部门性财务风险是指各个部门面临的、会给特定部门造成损失的财务风险。

4. 按财务活动涉及频率划分

按照财务活动的频率可将财务风险划分为普通时期财务风险、非常时期财务风险。

（1）普通时期财务风险

普通时期财务风险是指企业中的日常财务活动所引起的风险，主要包括筹资风险、投资风险和利润分配风险等。

（2）非常时期财务风险

非常时期财务风险是指企业在重大财务活动时引起的财务风险。企业重大经营决策如兼并重组、跨国经营等引起的财务风险即非常时期的财务风险。

对于普通时期的财务风险，企业要完善公司的治理结构以及治理制度来减少和避免风险发生；对于非常时期的财务风险，企业战略层应该进行详细分析，以作出正确的决策，从而避免或降低风险损失。

5. 根据财务风险的表现程度划分

根据财务风险的表现程度可划分为稍微财务风险、一般财务风险、重大财务风险。

（1）稍微财务风险

稍微财务风险是指对企业生产经营活动影响小、造成的损失比较小的各类风险，此类风险后果不明显，对企业的生产经营没有重要影响，仅是局部的、轻微的损害。

（2）一般财务风险

一般财务风险是指对企业生产经营活动产生一定影响、遭受一定损失，但是没有构成致命性影响的各种风险。此类风险可能会对企业产生较长时期的不利影响。

（3）重大财务风险

重大财务风险是指对企业生产经营产生重大影响、造成重大损失和严重后果的各种风险。此类风险可能会威胁企业的生存，甚至导致企业破产。

根据财务风险表现程度大小进行划分风险可以衡量风险程度以采用合理的处置对策和措施，但是各种风险由于外部环境的变化会发生质的变化，一般财务风险经过累积可能转化为重大财务风险，而重大财务风险也可能经过正确的处置转化为一般财务风险或稍微财务风险。

三、风险管理的基本知识

1. 风险管理的产生与发展

风险管理是一门新兴学科，但发展很快，受到了世界各国经济管理界的重视，得到了广泛而迅速地运用。虽然风险管理思想的萌芽可以追溯到远古时代原始人类的生存活动，但是，作为系统的科学，风险管理则产生于20

世纪初的西方工业化国家。

　　风险管理起源于德国。第一次世界大战之后，战败的德国发生了严重的通货膨胀，造成经济衰退，因此提出了包括风险管理在内的企业经营管理问题。后来，1929～1933 年发生的世界性经济危机，更使风险管理问题成为许多经济学家研究的重点。1931 年，由美国管理协会保险部首先提出风险管理概念，在以后的若干年里，以学术会议及研究班等多种形式集中探讨和研究风险管理问题。1932 年成立纽约保险经纪人协会，由纽约几家大公司组织定期讨论风险管理的理论与实践问题。该协会的成立标志着风险管理学科的兴起。但是，风险管理问题真正在美国工商企业中引起足够重视并得到推广则始于 20 世纪 50 年代。当时，美国企业界发生了两件大事，其一为美国通用汽车公司的自动变速器装置引发火灾，造成巨额经济损失；其二为美国钢铁行业因团体人身保险福利问题及退休金问题诱发长达半年的工人罢工，给国民经济带来难以估量的损失。这两件大事促进了风险管理在企业界的推广，风险管理从此得到了蓬勃发展。1963 年，美国出版的《保险手册》刊载了《企业的风险管理》一文，引起欧洲各国的普遍重视。以后，对风险管理的研究逐步趋向系统化、专门化，风险管理也成为企业管理科学中一门独立的学科。

　　20 世纪 70 年代以后，风险管理迅速发展并形成了系统化的管理科学。在西方发达国家的大多数企业均设有风险管理机构，专门负责风险的分析和处理工作。专业风险管理咨询机构和学术研究团体也相继成立，由纽约保险经纪人协会发展而来的全美风险研究所和美国保险及风险管理协会是专门研究工商企业风险管理的学术团体，会员有 3500 多家大型工商企业。风险管理在工商界的推行，改变了人们的观念，风险经理取代了过去的保险经理。这一观念的转化，体现了人们开始真正按照风险管理的方式来处置各种风险。风险经理除了估计单一风险发生的可能性和风险的复杂性之外，还要分析风险可能产生的后果，分析哪些是可控制的风险，对风险进行系统性地管理。在现代西方发达国家，风险管理已成为企业中专业性、技术性较强的经济管理部门，风险管理人员不仅是一个安全顾问，同时也负担其他管理职责，通过他们的工作识别风险，为企业最高领导层提供决策依据。

　　风险管理协会的建立与风险管理教育的普及也是风险管理发展的一大特点。西方各国纷纷建立地区性或全国性的风险管理协会，开展研究活动，交换信息，为风险管理提供咨询服务。美国风险和保险管理协会和美国风险与保险协会是美国最重要的两个全国性风险管理协会。1978年，日本风险管理协会成立。英国建立了工商企业风险管理和保险协会、特许保险学会等。欧洲学者们组建了日内瓦协会，并由该协会赞助成立了风险及保险经济学家欧洲团体协会。协会的活动在风险管理在工商企业界的推广、风险管理教育的普及和人才培养诸方面发挥了很大作用，促进了全球性风险管理运动的发展。在1983年美国风险与保险管理协会年会上，云集纽约的各国专家学者，讨论并通过了"101条风险管理准则"，作为各国风险管理的一般原则。准则共分12个部分：风险管理的一般准则；风险的识别与衡量；风险控制；风险财务管理；索赔管理；职工福利；退休年金；国际风险管理；行政事务处理；保险单条款安排技巧；交流；管理哲学。各国视自身的经济情况和风险环境可对准则予以修正，用于指导本国的风险管理活动。"101条风险管理准则"的诞生，标志着风险管理水平达到一个新的水平。1986年10月在新加坡召开的风险管理国际学术讨论会表明，风险管理已经走向全球，成为一种国际性运动。

2. 风险管理的概念

人们在各种社会经济活动中面临着种种风险。从总体上看，风险是一种客观存在，是不可避免的，而且，在一定的条件下还有某些规律性。因此，人们只能把风险缩减到最小的程度，而不可能将其完全消除。这就要求社会经济各部门、各行业主动地认识风险，积极管理风险，有效地控制风险，把风险减至最小的程度，以保证社会生产和人民生活的正常运行。随着生产力和科学技术的不断发展，20世纪30年代产生了风险管理。所谓风险管理（risk management），是指经济单位对风险进行识别、衡量、分析，并在此基础上有效地处置风险，以最低成本实现最大安全保障的科学管理方法。首先，风险管理的主体是经济单位，即个人、家庭、企业或政府机构。因此，风险管理不是专指企业风险管理。但在实际研究中，以企业风险管理为主，一般提到风险管理就是指企业风险管理。其次，风险管理是由风险的识别、衡量、分析等环节所组成的，是通过计划、组织、指导、管制等过程，通过各种科学方法综合、合理地运用来实现风险管理的目标。最后，风险管理以选择最佳的风险管理技术为中心，要体现成本效益的关系。一般来说，应从最经济合理的角度来处置风险，在主客观条件允许的情况下，选择最低成本最大效益的最佳方法，进行风险管理决策。

3. 风险管理的目标

风险管理最主要的目标是控制与处置风险，以防止和减少损失，保障社会生产及各项活动的顺利进行。风险管理的目标通常被分为两部分，一部分是损失前的目标，另一部分则是损失后的目标。损失前的管理目标是避免或减少损失的发生；损失后的管理目标是尽快恢复到损失前的状态，两者构成了风险管理的完整目标。

（1）损失发生前的目标

一是节约成本。风险管理者用最经济的手段为可能发生的风险做好准备，运用最合适的、最佳的技术手段降低管理成本。具体来讲，风险管理者应在损失发生前，比较各种风险管理工具以及有关的安全计划，对保险和防损技术费用进行全面财务分析，从而以最合理的处置方式，把控制损失的费用降到最低限度，通过尽可能低的管理成本，达到最大的安全保障，取得控制风险的最佳效果。这一目标的实现依赖于风险管理人员对效益与费用支出的科学分析和对成本及费用支出的严格核算。本目标也是风险管理的经济目标。

二是减少忧虑心理。风险给人们还带来了精神上和心理上的紧张不安的情绪，这种心理上的忧虑和恐惧会严重影响劳动生产率，造成工作效率低下。损失前的重要管理目标之一就是要减少人们的这种焦虑情绪，提供一种心理上的安全感和有利生产生活的宽松环境。

三是履行有关义务。企业生存于社会之中，必然要承担社会责任和义务，实施风险管理也不例外。风险管理必须满足政府法规和各项公共准则的要求，必须全面实施防灾、防损计划，尽可能地消除可能产生风险损失的隐患，履行相关义务，承担相关责任。

（2）损失发生后的目标

一是维持生存。这是在发生损失后最重要、最基本的一项管理目标。良好的风险管理，有助于企业、家庭、个人乃至整个社会在发生损失后走出困境，继续生存下去。只有首先保持住经济单位的存在，才可能逐步恢复和发展。

二是保证生产服务的持续，尽快恢复正常的生产生活秩序。损失发生后实施风险管理的第二个目标就是保证生产经营等活动迅速恢复正常，尽快使人们的生活达到损失前的水平。显然风险事件是有危害性的，它给人们的生产和生活带来了不同程度的损失，而实施风险管理则能够为经济单位、家庭、个人提供经济补偿，并为恢复生产和生活秩序提供条件。对于企业风险管理来讲，保证生产服务持续这一目标有时带有强制性或义务性。如连续不断地为公共设施提供服务就是一种义务。保证为顾客或消费者提供服务是非常重要的。否则，这些人的投资或消费会转移到他们的竞争对手的产品或服务之上。所以，为达到整个生产服务持续这一目标，企业必须在遭受损失后的最短时间内，尽快在全部或至少在部分范围内提供服务或恢复生产。

三是实现稳定的收入。在成本费用不增加的情况下，通过持续的生产经营活动，或通过提供资金以补偿由于生产经营的中断而造成的收入损失，这两种方式均能达到实现稳定收入这一目标。收入的稳定与生产经营的持续两者是不同的，它们是风险管理的不同目标。哪个目标更容易达到，将取决于事件本身和当时的环境情况。生产服务的持续可以通过牺牲收入来获得，而有时可以通过其他方式获得生产以外的稳定收入。

四是实现生产的持续增长。上面两个目标，即生产服务的持续和实现稳定收入组成了损失后生产的增长这一目标。实施风险管理，不但要使企业在遭到损失后能够求得生存，恢复原有生产水平，而且应该使企业在遭受损失后，采取有效措施，处置好各种损失，并尽快实现持续增长计划，使企业取得连续性发展。这一目标要求企业在资金上有较强的流动性。

五是履行社会责任。一般来说，风险事件不仅影响一个家庭、一个企业或一个公众机构，它还会对其他成员产生不同程度的影响。但是道德责任观念和社会意识要求这类风险事件对其他人员产生的影响达到最小，这也符合公共关系的要求。因此，企业应该通过风险管理，防止由于风险而导致生产经营的中断或遭受人身伤亡和财产损失，尽可能减轻企业受损对其他人和整个社会的不利影响。做到这一点，企业才尽到了其应尽的社会责任，从而可以获得良好的社会形象。

4. 风险管理过程

风险管理过程包括四个阶段：风险处理计划、处理组织的确定、处理的指导和处理的管制。

风险处理计划即通过对各种风险的科学考察，判断风险的性质和后果，制定并选择风险处理方案，编制风险处理的实施计划。风险处理的组织即根据风险处理计划，组织处理手段，包括业务分工、权力和组织上的调整等，即合理安排人力、物力以为达到经营管理的目标和为实现管理计划创造合适的条件。风险处理的指导，则采用信息交流的方式，对管理计划进行具体实施的过程。风险处理的管制,即按照规定,进行业务成绩记录、评价和分析,形成制度化管理方式。

识别风险是风险管理的基础。风险管理人员是在进行了实地调查研究之后,运用各种方法对尚未发生的潜在的各种风险进行系统地归类,并总结出企业面临的所有风险。风险识别所要解决的主要问题是确定风险因素、风险的性质以及后果、识别的方法及其效果。风险衡量就是对风险的存在、发生的可能性以及风险损失的范围与程度进行估计和衡量。其基本内容是运用概率统计方法对风险的发生及其后果加以估计,得出一个比较准确的概率水平,为风险管理奠定可靠的数学基础。

(1) 风险识别与衡量的内容

处理风险的前提是明确风险的存在。要弄清风险是否存在,就必须对该风险进行系统而全面地考察。通过考察正确地识别风险,如实估计风险发生损失的程度,为制订和选择风险处理的方案打下基础。

认知风险是风险识别的第一个关键环节。所谓认知风险就是单位、家庭和个人采取各种有效的方法考察、了解、认识风险的种类、性质以及可能发生的后果,使决策者增强风险的识别和感知能力。由于风险本身处于一种十分不确定的状态,对于单位或企业所面临的全部风险,往往难以用一种孤立的方法来考察和测量。某种方法,对识别这种风险有效,对识别别种风险则难以奏效,因此,必须同时采用多种方法进行综合考察。有了风险认知的基础以后,应该分析各种风险事件存在和可能发生的原因,并考察潜在风险的状况。风险事件原因和潜在风险分析,主要指对风险种类的分析和对潜在风险威胁的分析。制作风险清单分析风险种类是分析风险事件原因的最基本、最常用的方法。采用类似于备忘录的形式,将企业或单位所面临的各种风险逐一列举,并联系组织的经营活动对这些风险进行综合考察。风险管理人员可在此基础上对风险的性质及其可能产生的损失做出合理的判断,并研究对策防止风险的发生。在风险清单上必须列出企业所有的资产,即有形资产和无形资产,还必须列出企业活动所处的自然、经济、政治和社会环境。其作用在于帮助企业在生产经营过程中及时清晰地发现所面临的各种风险,并确定相应的处置方案。需要指出的是,由于清单只能列举和显示各种已存在的风险,很容易使人忽视对潜在风险的研究。所以在分析风险清单的同时,应密切注意其他潜在风险的威胁。潜在威胁分析指编制企业某一经营活动中可能构成风险事件的一览表。通过对企业经营活动和所处环境的全面调查,发现潜在威胁企业正常生产经营的各种因素，从而发现潜在风险，完成风险识别过程。

风险衡量的具体内容包括三个方面：首先，要确定风险事件在一定时间内发生的可能性，即概率的大小，并且估计可能造成损失的严重程度。其次，根据风险事件发生的概率及损失的严重程度估计总体损失的大小。最后，根据以上结果，预测这些风险事件的发生次数及后果，为决策者提供依据。通过对风险的衡量和估计，使人们对该风险的损失给予及时关注，该损失一经得到比较准确的估计，就可使一些后果较严重的风险更容易被识别，以减少有关损失发生的不确定性。同时，风险管理者可以在该估计和衡量的基础上提出和选择恰当的风险管理方案。

（2）风险识别和衡量的基本原则

在风险识别和衡量时，需要遵循的基本原则包括：

①全面周详原则。实现风险识别的目标，必须全面地了解各种风险事件存在和可能发生的概率以及损失的严重程度，风险因素以及因风险的出现而导致的其他问题。损失发生的概率及其结果直接影响人们对损失危害的衡量，最终决定风险管理工具的选择和管理效果的优劣。因此，必须全面了解各种风险损失的发生及后果的详细状况，及时而清晰地为决策者提供比较完备的信息。

②综合考察原则。企业面临的风险是一个复杂的过程，其中包括不同类型、不同性质、不等损失程度的各种风险。复杂风险系统的存在，使独立的分析方法难以对全部风险奏效，从而必须综合使用多种方法。风险清单列举的企业风险损失一般分为三类：一是直接损失，识别直接财产损失的方法很多，如访问经验丰富的生产经营人员、查看财务报表、分析工艺流程等。二是间接损失，指企业受损后，修复因无法生产和获取利润所发生的损失。有的间接损失在量上大于直接损失，间接损失的识别可以采用投入产出、分解分析等方法。三是责任损失，责任损失是由受害方对过失方的胜诉而产生的。识别和衡量责任损失，既需要熟练的业务知识，又需要充分的法律知识。此外，企业关键人员的意外伤亡或伤残所造成的损失，要用特殊的检测方法来进行识别和衡量。

③量力而行原则。风险识别和衡量的目的在于为风险管理提供前提，以保证企业、单位、个人以最小的支出来获得最大的安全保障，减少风险损失。因此，在经费有限的条件下组织风险识别必须根据实际情况和自身可以

承受的财务能力，选择效果最佳、经费最少的识别和衡量方法。企业、单位在风险识别和衡量的同时，应将该项目活动所造成的成本列入企业的财务账目进行综合考察，以保证用较小的支出换取较大的收益。如果风险识别和衡量的成本超出对风险管理的收益，这项工作就没意义了。

④科学计算原则。风险识别和衡量的过程是对企业、单位的生产经营状况及其所处的环境进行量化核算的过程。风险的识别和衡量以严格的数学理论为基础，在普遍估计的基础上，进行统计和运算，以得出比较科学和合理的分析结果。识别和衡量过程中的财务状况分析、投入产出分析、分解分析以及概率分析和损失后果的测量，都有相应的数学方法。所以，风险的识别和衡量应按照比较严格的数学方法来进行。

⑤系统化、制度化、经常化原则。风险的识别与衡量是风险管理的前提和基础，识别和衡量是否准确将决定管理效果。为保证最初分析的准确度，就必须进行周密系统地调查分析，将风险进行综合归类，揭示各种风险的性质及后果。如果没有科学系统的方法来识别和衡量风险，就不可能对风险有一个总体的、综合的认识，就难以确定哪种风险是可能发生的，也就不可能较合理地选择控制和处置风险的方法。风险分析对风险管理的意义是重大的。风险识别与衡量是风险分析的基本要素，不论在风险管理的其他方面做得多么完备，只要在识别和衡量方面失去系统性和准确性，则无法对风险进行正确的判断，也不能有效地实现管理目标。此外，由于风险是随时存在的，因此，风险的识别与衡量也必须是一个连续的和动态的过程。

（3）风险识别与衡量的方法

风险识别与衡量的方法很多，但主要有一般调查估计法与高等数学方法的几种不同组合分析方法，随着科学技术的发展与经验的逐渐丰富，分析的方法和手段将更加完善和合理。风险识别的方法包括：

①生产流程分析法，又称流程图法。生产流程又叫工艺流程或加工流程，是指在生产工艺中，从原料投入到成品产出，通过一定的设备按顺序连续地进行加工的过程。该种方法强调根据不同的流程，对每一阶段和环节，逐个进行调查分析，找出风险存在的原因，从中发现潜在风险的威胁，分析风险发生后可能造成的损失和对全部生产过程造成的影响。

②风险专家调查列举法。由风险管理人员对企业、单位可能面临的风险逐一列出，并根据不同的标准进行分类。一般的分类标准为：直接或间接，财务或非财务，政治性的或经济性的，等等。

③资产财务状况分析法。风险管理人员按照企业的资产负债表及损益表、财产目录等财务资料，对企业财务状况进行分析，发现其潜在风险。这些潜在风险包括资产本身可能遭受的风险，因遭受风险引起的生产中断所导致的损失以及其他连带人身和财务损失。

④投入产出分析法。指运用投入产出表，发现投入与产出不平衡的原因及其后果，从而进行潜在风险识别。该方法主要用于微观领域，用来分析企业各部门之间的平衡关系。衡量未来致损事件影响的方法是：将投入产出矩阵转化为相对系数矩阵，原矩阵中每个元素上的价值表示为总产出的系数。通过投入产出分析，有助于企业发现由于正常业务被打乱而导致的风险。

⑤背景分析法。指国外风险分析中的一种方法。其操作过程为：通过有关的数据、曲线、图表等将某项目或某组织未来的状态进行描述，研究引起有关风险的关键因素及其后果，当某些因素发生变化时，又将出现怎样的风险，其后果如何？其功能主要在于考察风险范围及事态的发展，并对各种情况进行对比研究，选择最佳的风险管理方案。

⑥分解分析法。指将一复杂的事物分解为多个比较简单的事物，将大系统分解为具体的组成要素，从中分析可能存在的风险及潜在损失的威胁。风险可以分解为经济风险、技术风险、资源风险及人员风险、环境风险等，然后对每一种风险作进一步的分析。

⑦失误树分析方法。是指以图解表示的方法来调查损失发生前种种失误事件的情况，或对各种引起事故的原因进行分解分析，具体判断哪些失误最可能导致风险损失的发生。

风险的识别与衡量还有其他方法，诸如环境分析法、保险调查法、事故分析法等。风险管理的理论和实务证明，没有任何一种方法是万能的，风险识别时，必须将各种方法相互融通、相互结合地运用。

风险衡量的主要方法是数学统计方法，即用一组较小的样本观察值，对一组较大的未知观察值进行理论预测。在风险估计中，运用概率估计风险，不仅表现在单纯的概率概念中，而且表现在概率的分布之中。概率分布对于准确衡量损失频率及损失后果具有重要的作用。通过概率分布，可以获得某一事件发生及其后果的概率，并推断事件结果范围，有助于更好地选择风险管理技术和手段，从而得到最佳的风险控制效果。

利用数学方法进行风险的衡量，一般要经过以下测量：损失的可能性、巨额损失的发生概率、损失额。概率分布主要包括二项分布、泊松分布、正态分布几种形式。应用概率分布进行风险估计和衡量时，统计资料的收集和调查要全面而细致，而且统计资料的整理要科学合理。

5. 风险管理工具

风险管理工具，是指风险管理者在风险分析的基础上，对所面临的问题寻求有效的工具来处置。一般来说，风险管理工具有控制法工具和财务法工具两类。所谓控制法，即在损失发生之前，运用各种控制工具，力求消除各种隐患，减少风险发生的原因，将损失的后果减少到最低程度。所谓财务法，就是当风险事件发生后已经造成了损失，运用财务工具，比如风险自保基金，对损失的后果给予补偿，尽快恢复生产。控制法工具和财务法工具侧重点不同，二者相互补充，有机配合，是风险管理的两大工具。

（1）控制法

风险的控制包括避免风险和排除风险。

①避免风险。避免风险是指考虑到风险事件的存在和发生的可能，主动放弃和拒绝可能导致的风险损失。通过避免风险，可以在风险事件发生之前完全彻底地消除某一特定风险可能造成的损失，而不仅仅是减少损失的影响程度。避免风险是对所有可能发生的风险尽可能回避，直接消除风险损失，具有简单易行、全面、彻底的优点，能够将风险的概率保持为零，保证经济运行的安全。

避免风险的一个基本方法是终止某些现有产品的生产和新产品的引进，暂停正在进行的经营活动，挑选更合适的经营业务，选择更有利可图的经营环境。如在宏观决策中，发现某个工程项目的实施存在很大的风险，应立即放弃该施工方案，停止项目的实施，以免遭受更大的损失。在微观决策中，个人退出经济亏损、伤残机会较多的部门，也属于避免风险的有效方法。企业进行投资决策，宜对厂址选择、污染的处理等进行合理的取舍。

避免风险的另一个基本方法是改变生产活动的性质，改变工作方法和工作地点等。其中生产活动性质的变化是最根本的变化。如化工厂以惰性溶剂取代易燃易爆溶剂，可以避免爆炸的风险，从而避免潜在的风险。

进行避免风险必须对需要避免的财产、人身风险范围进行准确判断。避免风险方法有很大的局限性：一是人们难以对风险事件的具体状况进行十分准确的估计，不能确定风险事件是否应实施避免；二是即使有很大的风险，人们依然不愿放弃该风险事件可能包含的利益，所以，避免风险是一种消极的处理方式；三是避免风险在实践中很难完全实现。

②排除风险。排除风险是指在损失发生前消除损失可能发生的根源,并减少损失事件的频率,在风险事件发生后减少损失的程度。排除法的基本点在于消除风险因素和减少风险损失,是风险管理中最积极主动也是最常用的方法,这种方法可以克服避免风险方法的种种局限。排除法还包含根据对意外事件的原因进行分析,发现灾害损失的直接和间接原因,并研究能否通过改变其中的某些因素消除致损原因,为风险排除做准备。

排除风险一般要经过以下阶段:风险因素的分析、控制工具的选择、实施控制技术、对控制的后果进行评估等。排除风险具体包括以下几种措施:

第一,查找事故原因。指为了全面而系统地找出导致风险事件的各种原因,采取各种措施来从根本上减少或消除损失而进行的查寻活动。风险事件的原因除与自然灾害有关外,还受行为人自身素质的影响,即人为因素;另一方面,工程机械方面的故障也是导致风险发生的主要因素。查找事故的原因,可以做好防范和损失发生后的抢救准备工作,是风险管理的有效措施。

第二,减少损失。指损失发生后采取的各种预防措施,以减少损失的进一步扩大,尽可能保护受损财产。在企业风险管理中,减少损失还应包括为应付实际的损失而制定的应急防范计划。该计划包括抢救措施及企业在发生损失后如何继续进行各种业务活动的计划,旨在尽力减少组织的财产损失。

第三,损失防范措施。指减少损失发生频率的措施。广义上讲,包括各种安全会议及工作检查。损失防范措施包括纯预防性措施和保护性措施,后者侧重于保护处于危险中的人和财物。在企业的风险管理中,损失防范是一个贯穿于生产经营全过程的系统活动过程,在排除风险以及风险管理整体中有十分重要的意义。

(2) 财务工具法

财务工具即企业单位在损失发生后以经济手段对损失进行补偿的各种手段。由于人们对风险的认识受到各种外界因素的制约,即使很准确的预测,也难免有其局限性,事实上,许多风险是不可避免且损失难以预测的。因而当相当大的损失后果出现时,如何有效地利用各种财务工具,及时提供经济补偿,是风险管理的重点。风险财务工具包括风险的自留和转嫁。

①风险的自留。自留风险亦即自担风险,是一种由企业单位自行设立基金、自行承担风险损失财务后果的处理方式。运用自留风险方式须具备以下

条件：

第一，企业的财务能力足以承担由风险可能造成的最坏后果，一旦损失发生，企业有充分的财务准备，不会使企业的生产活动受到很大影响。最坏后果由企业计划中的损失后目标或盈利及财务状况来决定。如果风险损失未发生，则企业可以保留一部分资金。

第二，损失额可以直接预测，即风险标的致损可能及后果的可预见性。

第三，在风险管理过程中无其他处理方式可以选择。

就特性而言，风险自留是一种风险财务技术，也是一种处置损失残值的方式。在具体实践中，有主动自留和被动自留之分。主动自留指在识别和衡量的基础上，明确风险的性质及其后果，风险管理者主动将自留风险作为处置全部或部分风险的最优选择，筹划相应的财务准备。其特点在于风险的性质及其后果已经得到确认，在分析了经济可行性之后，确定自留风险方式的最优性。被动自留指在未能识别和衡量风险及损失后果的情况下，被迫采取由自身承担后果的风险处置方式。被动自留是一种被动的、无意识的处置方式。在某些情形下，往往造成严重的财务后果。

全部风险自留指主动采取决策，全部承担某项事业或某项计划可能出现的损失后果，为应付损失的发生进行充分的财务准备。其采用的前提在于对损失发生额及后果的严重性有比较准确的估计，即使发生最坏的损失，也可以从准备中给予足够的补偿，不致影响企业的正常经营。部分风险自留指管理人员根据风险的具体情况，依据自身的承受能力，有选择地对部分风险采取自保形式。在实践中，相当数量的风险标的与损失数量均通过自留方式来处置。

自留风险的实施具有促进资金周转、储蓄潜在资金和节约潜在费用的好处，但也有很大的局限性。不当的自留风险可使企业面临程度更大的风险，增加经营危险性。

自留风险必须预留更多资金增加开支，影响企业的生产经营。在选用风险处置方式上，应谨慎地科学地使用自留技术。作为一种处置风险的财务补偿技术，风险自留的重要性将越来越明显。

② 风险的转嫁。转嫁风险指企业将其损失有意识地转给与其有相互经济利益关系的另一方承担。转嫁方式一般有两种：其一是将可能遭受损失的财产转嫁出去，转嫁可能会引起风险及损失的活动。其二是将风险及其损失的财务结果转嫁出去，而不转移财产本身，在进行风险转嫁的同时必须付出一

定的代价。作为风险管理的方式,当转嫁指的是将产生风险的有关活动转移时,对于转嫁者一方,则是避免风险的一种特殊形式。两者的区别在于:避免风险是为使风险不致发生而停止或放弃某种事业或计划;而转嫁只是将该风险及损失后果转移到另一方身上,总体而言,风险本身并未消除。在财务结果转嫁方式中,保险是最重要也是最常见的形式。其他财务结果转嫁的方式称为非保险型风险转嫁。非保险型风险转嫁在实践中是一种普遍采用的财务工具。

第一,非保险型转嫁方式,指由各种方式产生的赔偿责任以及因其导致的财务损失,通过合同条款从合同的一方转嫁给另一方。其主要的方式有:

租赁合同,一方把自己的房屋、场地、运输工具、生产设备或生活用具以合同的方式出租给另一方使用,并收取用户的租赁费用。

建筑工程合同,指按照建设单位的设计,承建单位以包工的方式完成某一项建设工程,建筑合同中涉及建设单位与承建单位间的种种责任。

保证合同,保证人与债权人达成一种协议,规定当债务人无法按期偿还其债务时,由保证人负责赔偿债权人的损失。

委托合同,委托人将其财产交由受托人代为保管并支付一定费用。

产品供给与服务合同,指买卖双方为出售产品或劳务而签订的合同,使有关责任从卖方转嫁到买方。

第二,保险型转嫁方式。保险是以合同的方式建立保险关系,集合多数单位的风险,合理收取保险金,对特定的灾害事故造成的损失后果或人身伤亡给予资金保障的经济形式。保险经营的范围一般只包括纯粹的静态风险,具有投机性质或由心理、道德因素引发的风险所致损失,不属于保险理赔的范围。此外,保险所经营的风险必须具备以下特性:一是必须具有损失的偶发性,风险状况不可预知;二是损失的范围和程度必须可以货币形式来衡量,以实现经济量化;三是必须有与之相同或相似的大量风险存在,以借助数学方法来对风险进行测量。

四、企业财务风险的管理流程

基于上述的对风险、风险管理基本知识的叙述,针对本书主要内容,将风险管理的基本知识应用到财务风险管理中,可以确定财务风险管理流程的主要环节,如图 1-3 所示。

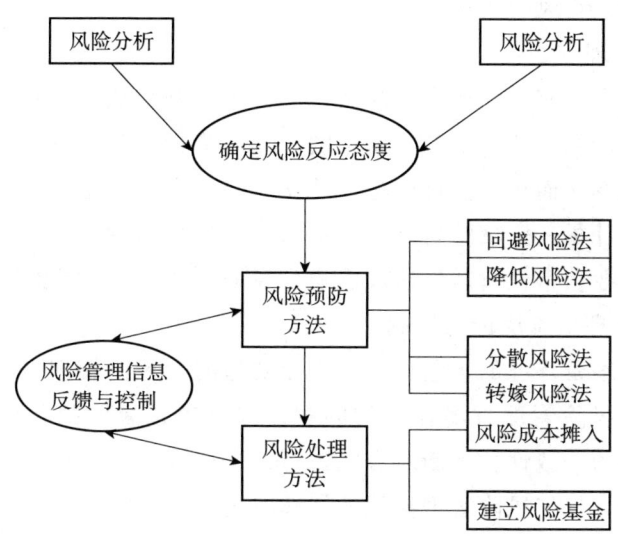

图 1-3　财务风险管理流程

资料来源：李咏梅，杨洋．财务风险管理研究探析［J］．财会通讯，2009（3）．

1. 风险识别

风险识别是指对可能引发风险的各种因素进行识别，主要方法有访谈、调研、案例梳理和制度流程梳理等。

2. 风险测评与分析

风险测评与分析主要是分析企业内外部风险因素，利用一定的方法建立财务风险评价模型，从而根据风险程度向决策者提交分析报告以采取合理的风险预警和应对措施。风险测评和分析的主要作用是评判风险程度从而设定先后顺序，合理进行资源配置。

3. 确定风险反应态度

根据风险测评和分析确定了风险的先后顺序后，决策者作出明确的风险处理决策，如采用风险转移、风险分散、风险规避等风险处理措施来降低风险、减少风险损失，从而降低企业风险管理成本，提高企业管理效益。

4. 风险预防方法

风险预防的方法主要有风险规避法、风险分散法、风险降低法、风险转移法。风险规避法是指企业在进行财务决策的时候，综合评价各种财务方案风险，在保证财务目标实现的基础上选择风险最小的方案；风险降低法是指企业通过采取合理的措施努力降低风险发生的可能；风险分散法是指企业通过联盟等方式将企业风险进行分散从而降低风险；风险转移法是指企业通过购买保险等手段将风险转移给其他单位。

5. 风险处理方法

风险处理方法有风险成本分摊法、建立风险基金法。风险成本分摊法是指对于企业生产经营活动中经常发生的小额风险损失，可以将其以成本加价的形式计入成本从而自行消化风险；建立风险基金法是指对于偶然性大的风险，企业可以计提一定量的货币资金作为风险发生后的补偿基金，从而防止风险发生对企业正常经营运作造成影响，保证生产经营活动的顺利进行。

6. 风险管理信息反馈与控制

随着企业经营环境的不断变化，企业要适时对风险管理方案进行分析评价，从而发现风险管理方案存在的问题，并且考核风险执行效果与企业目标、预算目标的一致性，不断对方案进行改进优化，为形成完善的风险管理流程奠定基础，保持风险管理流程的持续改进。

五、企业财务风险管理的作用

1. 有利于维持经营稳定

有效的风险管理具有很大的积极作用。一方面，当企业遭受风险损失时，在财务上能及时得到补偿，以保证企业能生存，并迅速恢复正常经营活动；另一方面，有利于企业财务收支稳定，避免风险事故发生后可能出现的巨大财务冲击，从而保证生产经营的稳定与发展。

2. 有利于增加安全保障程度

风险的存在必然对企业员工的安全构成威胁。通过风险管理，一方面使人们了解所面临的风险和可能的潜在损失；另一方面，完善处理技术，最大限度地消除或减轻风险对企业和员工的危害程度，从而增加企业和员工的安全保障程度。

3. 有利于提高经营效益

财务风险的存在会给企业带来经济损失，从而导致企业经营成本增加，效益下降。企业通过对财务风险的科学估测，选择最佳风险管理技术，消除或减轻财务风险的损失，提高经营效益。另外，在运用财务型风险管理技术时，通过精算使提留的自保基金保持在合理的水平上。这样既减少了因过多提留基金所造成的浪费，又可避免因提留基金不足而影响企业的经营。在投保时，正确估算保险金额、合理设计保障范围、充分运用免赔额条款等，能在得到所需的安全保障下，最大限度地节省保费。所有这些，无疑都能提高企业经营效益。

4. 减少忧虑，增加福利

通过对财务风险的管理，可以减轻人们的忧虑，使企业敢于放手经营。另一方面，正确估测财务风险，减少了财务风险的不确定性，从而使准备金或基金的提留保持在合理水平，使社会财富得以增加，从而产生增加社会经济福利的作用。

第三节 企业财务控制和财务管理的方法论

本书基于公司财务控制研究财务风险管理所采用的基本方法主要有系统论方法、控制论方法、博弈论方法三种。

一、系统论方法

系统是相互联系、相互作用的元素的集合。根据与外界环境的关系，系统可以分为封闭系统和开放系统、静态系统和动态系统。封闭系统不与外界环境发生作用，而开放系统则与外界环境发生作用；静态系统不发生任何变化，而动态系统则随环境变化而发生变化。

系统中不同要素相互影响、相互作用逐渐演化成为具有一定功能结构的整体，系统的机构决定系统的功能，系统的功能反过来又影响系统结构，系统的功能和结构存在复杂的非线性关系。系统演化过程中不同要素之间竞争与协同不断推动系统的演化，信息正反馈推动系统从无序向有序发展，信息负反馈保持系统的稳定。

从系统论可以看出，财务管理过程是一项复杂的系统工程，财务管理通过财务人员运用一定的手段、方法按照规范的运用程序对信息进行收集、整理、存储、加工、传递、报告等，从而对资金、成本、费用、利润等进行控制。通过整个过程的控制合理配置资源，使生产要素得到充分合理应用，实现企业利益最大化的目标。根据系统论的观点我们可以得出以下结论：

1. 财务控制是一个开放系统

企业财务控制的过程受到内部环境和外部环境的双重影响。外部环境主要是指资本市场、经理人市场、借贷资金市场、国家财税的法律规范等大环境。而内部环境是指企业的组织结构、人力资源、战略选择等具体的环境。内部环境和外部环境共同作用于财务控制,财务控制系统不断地与外界环境进行信息、技术、资金等交流,是一个开放的系统。因此,企业要不断加强财务控制对内部和外部环境的适应能力。

2. 财务控制系统是一个动态系统

财务控制需要对企业内部不断发生的财务事件进行实时监控,如对重大财务决策、突发财务纠纷等进行及时处理,因此,财务控制系统是一个根据环境和发生财务事件的变化状态进行及时反应和处理的动态系统。财务控制体系要以全面预算为基础,重点关注对系统产生重大影响的财务决策和财务活动,重点解决系统内部主要矛盾,从而提高企业的经营绩效。

3. 财务控制系统遵循系统论演化规律

企业财务控制系统是控制系统中的重要组成部分,是保证企业持续稳定良好运作的必要条件,因此应该不断增强财务控制自身的信息交流和反馈能力、纠正偏差能力和系统整合能力,以提高财务控制能力、降低财务风险,从而实现企业效益最大化。企业一般通过三方面措施来提高财务控制能力:一是建立完善的财务信息收集、传递系统;二是建立完备的财务预算制度;三是建立事前、事中、事后控制的全面财务控制体系。

二、控制论

控制论由美国著名数学家诺伯特·维纳(Norbert Wiener)与他的合作者共同创立。控制论也是在不同学科相互渗透、相互融合的基础上发展起来的,旨在运用新的统计理论研究系统运动过程中的行为方式、功能以及结构变化趋势,揭示系统运动控制规律,使系统按照预定目标运行并达到稳定状态。其基本观点是系统通过信息交换和反馈实现对演化过程的控制、分析。控制论和系统论相互联系、密不可分,通过分析系统功能演化和系统优化改造过程对系统控制问题进行研究。

在控制论发展的过程中,有学者提出了责任控制系统,它是一个通过对过程进行控制及时发现问题并进行调节使其向着目标方向演进,如此循环往复达到稳定有序的系统。责任控制系统是一个反馈控制系统,通过责任会计实时对责任单位活动进行计量并与目标进行比较,及时发现偏差并进行调整。因此,责任控制系统的重点是对信息进行实时反馈控制,并运用合理的方法进行调整。反馈控制系统如图1-4所示。

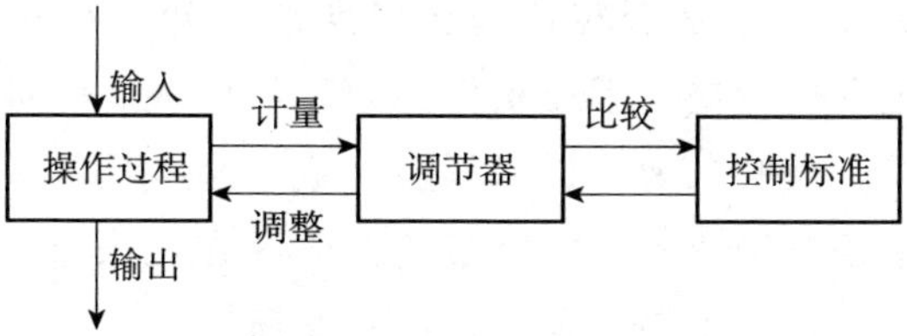

图 1-4 反馈控制系统

以上控制系统是开环控制系统，即被控结果信息不影响系统控制过程，这种受到外部信息流作用并且信息流方向与反馈方向相反的控制叫作前馈控制，也就是说通过对操作过程和输入进行实时监测，并进行预测，在问题尚未产生时就进行调节以阻止偏离的发生。企业中的货币资金控制就属于前馈控制。前馈控制系统如图 1-5 所示。

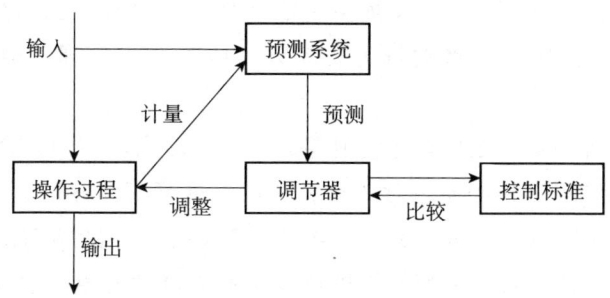

图 1-5 前馈控制系统

前馈控制也叫预防控制，是指在控制过程中提前建立约束机制，防止与目标偏离情况的发生。在财务控制中为了防止会计过程中的差错可以事先详细分析产生差错的原因，从而拟定出完善的预防和控制措施以阻止其发生。在实际工作中，应该根据具体情况综合运用各种会计预防工作程序来处理业务如预算的审批、资产的领用、内部稽核等，进行预防控制。

三、博弈论

博弈论是研究一个理性的决策主体在与其他人相互作用时如何选择最优的行动策略以达到均衡的问题。目前，我国学者采用不合作博弈论方法对财务控制进行研究。

1. 内部利益相关者之间的不合作博弈

（1）所有者之间的不合作博弈

企业中大股东和小股东之间对财务控制权的分配问题可以用"智猪博

弈"来解释，比如小股东是否转让公司股票的博弈。在只博弈一次的情况下，由于大股东滥用控股权，小股东作为短期局中人，一般会转让股票；如果是无限重复博弈，大股东为了长期利益一般不会滥用控股权，小股东会持有股票。又如，是否对经营者实施监督的博弈，在无限重复博弈中，监督成本相同的情况下大股东由于得不到更多的利益所以要求实施监督，而小股东则会选择"搭便车"来完成他们之间的博弈。

（2）所有者与经营者之间的不合作博弈

公司代理人以规模最大化和内部人利益最大化为目标，而委托人则追求利润最大化，因此经营者和所有者在信息不对称的情况下存在不合作博弈。公司内部的治理结构是所有者和经营者长期博弈的结果，是实现彼此利益的机制。从理论上不合作博弈转化为合作博弈取决于两个因素：一是代理人即经营者从自身利益出发，充分发挥主观能动性；二是委托人即所有者通过监督机制来约束和激励经营者的行为。双方的博弈在于治理结构中的权、责、利的均衡。

（3）所有者与员工之间的不合作博弈

运用"零和博弈"的原理对所有者和员工进行博弈分析。当股东和员工之间发生利益冲突时，股东作为公司最高决策层通常牺牲员工利益作出有利于自身利益的决策，而员工为了维护自身利益可能通过会计实务操作来控制公司的利润分配。

2. 外部利益相关者之间的不合作博弈

（1）机构投资者与经营者之间的不合作博弈

当博弈只有一次时，机构投资者为了降低成本对经营管理者不实行监督，选择"用脚投票"抛售股票，结束博弈。当博弈无限重复时，由于机构股东实行监督会大大影响其未来收益，机构股东根据成本效益对监督进行决策。因此成本效益分析决定了机构投资者参与公司治理的积极性，具体由持股比例、持股时间和监督成本决定。

（2）股东与债权人之间的不合作博弈

运用"零和博弈"对股东和债权人之间博弈进行分析。股东希望通过将资金用于高风险的投资项目而获得高收益，但是债权人希望在规定的日期内回收资金，高风险投资项目会增大其资金回收风险，并且股东为了获取更多的财务杠杆收益，通过其他渠道进行筹措资金，从而更加增大债权人的资金回收风险。

本章小结

本章对财务控制和财务风险管理的相关理论和方法进行了介绍并阐述,从而为本书的研究奠定理论基础、提供理论方法和研究工具。首先,介绍并阐述了财务控制的相关理论,分别分析了财务控制的经济学基础(交易费用下的委托—代理理论、不完全契约理论和利益相关理论)和管理学基础,并剖析了财务控制的演化过程;其次,介绍并阐述了财务风险管理的相关理论,在描述风险和风险管理的基本知识基础上给出了财务风险的分类方法以及企业财务风险的管理流程和作用;最后,介绍并阐述了企业财务控制和财务风险管理的方法论。本章分析主要采用系统论、控制论以及博弈论等三种方法。

第二章

中小企业的财务控制机制

第一节 我国中小企业的财务管理特征

一、我国中小企业的界定标准

由于世界各国中小企业发展的历史背景、经济水平、经济结构等各不相同,目前对中小企业的划分还没有统一的标准。因此,首先要明确我国中小企业的界定标准,了解我国中小企业发展的相关特性,从而根据我国中小企业发展特征构建中小企业财务风险管理体系。我国的中小企业在不同经济发展阶段为了适应经济环境呈现出不同的特征。从新中国成立以来,我国中小企业经历了多次划分标准的调整,如表2-1所示。

表2-1 我国中小企业划分标准的演变过程

时间	中小企业规模划分标准
20世纪50年代	以中小企业职工人数的多少作为中小企业规模划分标准
1962年	按固定资产价值数量来划分中小企业规模
1978年	以综合生产能力为标准划分中小企业规模
1988年	对1978年标准进行修改和补充,按不同行业的不同特点规定了参照系统标
1999年	以销售收入和资产总额作为中小企业规模划分标准
2003年	以职工人数、销售额和资产总额作为中小企业规模划分标准
2011年	拟扩大涵盖的行业范围,资产总额这一指标不再作为划分依据,并从小企业中细分出微型中小企业

根据工信部等部委局《关于印发中小企业划型标准规定的通知》（联企业〔2011〕300号）规定，中小企业划分为中型、小型、微型三种类型，具体标准根据企业从业人员、营业收入、资产总额等指标，结合行业特点制订。该规定适用的行业包括：农、林、牧、渔业，工业（包括采矿业，制造业，电力、热力、燃气及水生产和供应业），建筑业，批发业，零售业，交通运输业（不含铁路运输业），仓储业，邮政业，住宿业，餐饮业，信息传输业（包括电信、互联网和相关服务），软件和信息技术服务业，房地产开发经营，物业管理，租赁和商务服务业，其他未列明行业（包括科学研究和技术服务业，水利、环境和公共设施管理业，居民服务、修理和其他服务业，社会工作，文化、体育和娱乐业等）。各行业划型标准为：

1. 农、林、牧、渔业

营业收入20000万元以下的为中小微型企业。其中，营业收入500万元及以上的为中型企业，营业收入50万元及以上的为小型企业，营业收入50万元以下的为微型企业。

2. 工业

从业人员1000人以下或营业收入40000万元以下的为中小微型企业。其中，从业人员300人及以上，且营业收入2000万元及以上的为中型企业；从业人员20人及以上，且营业收入300万元及以上的为小型企业；从业人员20人以下或营业收入300万元以下的为微型企业。

3. 建筑业

营业收入80000万元以下或资产总额80000万元以下的为中小微型企业。其中，营业收入6000万元及以上，且资产总额5000万元及以上的为中型企业；营业收入300万元及以上，且资产总额300万元及以上的为小型企业；营业收入300万元以下或资产总额300万元以下的为微型企业。

4. 批发业

从业人员200人以下或营业收入40000万元以下的为中小微型企业。其中，从业人员20人及以上，且营业收入5000万元及以上的为中型企业；从业人员5人及以上，且营业收入1000万元及以上的为小型企业；从业人员5人以下或营业收入1000万元以下的为微型企业。

5. 零售业

从业人员300人以下或营业收入20000万元以下的为中小微型企业。其中，从业人员50人及以上，且营业收入500万元及以上的为中型企业；从业人员 10 人及以上，且营业收入 100 万元及以上的为小型企业；从业人员 10 人以下或营业收入 100 万元以下的为微型企业。

6. 交通运输业

从业人员 1000 人以下或营业收入 30000 万元以下的为中小微型企业。其中，从业人员 300 人及以上，且营业收入 3000 万元及以上的为中型企业；从业人员 20 人及以上，且营业收入 200 万元及以上的为小型企业；从业人员 20 人以下或营业收入 200 万元以下的为微型企业。

7. 仓储业

从业人员 200 人以下或营业收入 30000 万元以下的为中小微型企业。其中，从业人员 100 人及以上，且营业收入 1000 万元及以上的为中型企业；从业人员 20 人及以上，且营业收入 100 万元及以上的为小型企业；从业人员 20 人以下或营业收入 100 万元以下的为微型企业。

8. 邮政业

从业人员 1000 人以下或营业收入 30000 万元以下的为中小微型企业。其中，从业人员 300 人及以上，且营业收入 2000 万元及以上的为中型企业；从业人员 20 人及以上，且营业收入 100 万元及以上的为小型企业；从业人员 20 人以下或营业收入 100 万元以下的为微型企业。

9. 住宿业

从业人员 300 人以下或营业收入 10000 万元以下的为中小微型企业。其中，从业人员 100 人及以上，且营业收入 2000 万元及以上的为中型企业；从业人员 10 人及以上，且营业收入 100 万元及以上的为小型企业；从业人员 10 人以下或营业收入 100 万元以下的为微型企业。

10. 餐饮业

从业人员 300 人以下或营业收入 10000 万元以下的为中小微型企业。其中，从业人员 100 人及以上，且营业收入 2000 万元及以上的为中型企业；从业人员 10 人及以上，且营业收入 100 万元及以上的为小型企业；从业人员 10 人以下或营业收入 100 万元以下的为微型企业。

11. 信息传输业

从业人员 2000 人以下或营业收入 100000 万元以下的为中小微型企业。其中，从业人员 100 人及以上，且营业收入 1000 万元及以上的为中型企业；从业人员 10 人及以上，且营业收入 100 万元及以上的为小型企业；从业人员 10 人以下或营业收入 100 万元以下的为微型企业。

12. 软件和信息技术服务业

从业人员 300 人以下或营业收入 10000 万元以下的为中小微型企业。其中，从业人员 100 人及以上，且营业收入 1000 万元及以上的为中型企业；从业人员 10 人及以上，且营业收入 50 万元及以上的为小型企业；从业人员 10 人以下或营业收入 50 万元以下的为微型企业。

13. 房地产开发经营

营业收入 200000 万元以下或资产总额 10000 万元以下的为中小微型企业。其中，营业收入 1000 万元及以上，且资产总额 5000 万元及以上的为中型企业；营业收入 100 万元及以上，且资产总额 2000 万元及以上的为小型企业；营业收入 100 万元以下或资产总额 2000 万元以下的为微型企业。

14. 物业管理

从业人员 1000 人以下或营业收入 5000 万元以下的为中小微型企业。其中，从业人员 300 人及以上，且营业收入 1000 万元及以上的为中型企业；从业人员 100 人及以上，且营业收入 500 万元及以上的为小型企业；从业人员 100 人以下或营业收入 500 万元以下的为微型企业。

15. 租赁和商务服务业

从业人员 300 人以下或资产总额 120000 万元以下的为中小微型企业。其中，从业人员 100 人及以上，且资产总额 8000 万元及以上的为中型企业；从业人员 10 人及以上，且资产总额 100 万元及以上的为小型企业；从业人员 10 人以下或资产总额 100 万元以下的为微型企业。

16. 其他未列明行业

从业人员 300 人以下的为中小微型企业。其中，从业人员 100 人及以上的为中型企业；从业人员 10 人及以上的为小型企业；从业人员 10 人以下的为微型企业。

但是根据从业人员数量、营业收入、资产总额三项指标来确定企业规模过于复杂，常常出现一个企业被划分为不同类型的情况。随着新行业不断出现，这一划分标准还须进一步完善。

二、中小企业的资金运行系统分析

中小企业在生产经营活动中必须拥有一定规模的资金，并且资金随着再生产过程而周而复始地不断运动。在财务管理中从货币资金形态开始完成供、产、销过程形成的储备资金、生产资金、成品资金，最后通过出售成品又回归为货币资金形态，如此不断重复的资金循环活动称为资金的运动。伴随这一过程的中小企业财务管理活动要进行资金的筹集、运用、耗费、回收、分配管理，这五个方面相互作用形成资金运行系统，如图2-1所示。

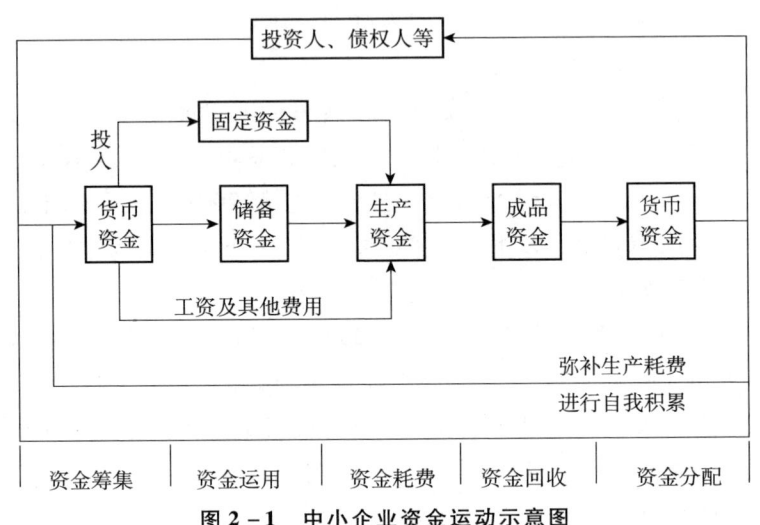

图 2-1　中小企业资金运动示意图

1. 资金筹集阶段

中小企业要先通过银行贷款、吸引国内投资、利用外资等渠道筹集一定数量的资金进行生产经营活动，这是资金运动的开始，这一阶段资金的表现主要是货币资金。为了保证经营活动的顺利进行，这一阶段中小企业要有效地完成资金筹集。

2. 资金运用阶段

中小企业用筹集到的货币资金通过购买、兴建等过程形成各种生产资料。一是通过兴建厂房、购买机器设备等，形成生产经营活动的劳动手段；二是通过购买生产必需的原材料、辅助材料等形成生产经营活动的劳动对象。通过资金运用，实现了货币资金向固定资金和生产储备资金状态的转变。这一阶段主要应该关注资金配置的合理性和资金的利用效率。

3. 资金耗费阶段

在生产过程中，通过消耗各种材料和固定资产，不断采购材料等物品，并且运用货币资金支付劳务费等，这样在生产过程中消耗的固定资金、储备资金和货币资金先转化为生产资金，随着产品的制造完工转化为成品资金。

这一阶段是中小企业的核心活动,关键要以最低的费用生产出优质的产品以保持企业的竞争能力。

4. 资金回收阶段

中小企业通过销售产成品取得收入回收资金,实现了成品资金向货币资金的转化。这一阶段主要应该提高应收账款的周转率,抓好资金的回收和滚动利用。

5. 资金分配阶段

中小企业通过销售产品取得的收入,一部分用于弥补再生产的耗费,一部分用于国家、职工、投资者、企业间的分配。用于弥补生产耗费、亏损的资金和提取的盈余公积金转增资本的部分,又从货币资金开始继续周转;上缴国家的税金、提交的公益金、分配给投资者的利润则从中小企业经营资金运动过程中退出。对中小企业来说,这一阶段不仅需要强调效率,而且需要兼顾公平。

三、中小企业不同发展阶段的财务战略

中小企业在不同发展阶段应该根据企业的特征采取不同的财务战略。首先,我们来分析中小企业在不同发展阶段的财务特征,如表 2-2 所示。

表 2-2　　　　　　中小企业发展各阶段的财务特征

	中小企业的发展阶段			
	起步期	成长期	成熟期	衰退期
经营风险	非常高	高	中等	低
财务风险	非常低	低	中等	高
资本结构	权益融资	主要是权益融资	权益+债务融资	权益+债务融资
资金来源	风险资本	权益投资增加	保留盈余+债务	债务
股利	不分配	分配率很低	分配率高	全部分配
价格/盈余倍数	非常高	高	中	低
股价	迅速增长	增长并波动	稳定	下降并波动

1. 起步阶段中小企业的财务战略

中小企业在起步阶段由于产品的不确定性存在很大的经营风险。起步阶段新产品是否被顾客接受、是否可以获得大量的市场份额都是不确定的,但是这一阶段经营风险高,财务风险比较低,因此权益融资是最合适的。因为准备接受风险的投资者期望有高回报率,由于在起步阶段中小企业负的现金流量无法支付股利,所以这种高回报只能以资本利得的形式分配给投资者。

资本利得的优势获得了风险资本投资者的关注。这一阶段的中小企业应该梳理清楚自己的经营模式并做好未来的经营预测，形成合理的商业规划，以吸引风险资本的投入并做好下一个阶段的融资计划。

2. 成长阶段的财务战略

当企业新产品成功进入市场以后，随着销售量的增加企业经营风险降低，企业开始考虑运用新的战略。这一阶段主要关注销售额的增长和销售量、市场份额的扩大，企业要控制资金来源的财务风险，首先需要继续使用权益融资。需要吸引并利用新的权益投资者来替代原有的风险投资者，同时筹集企业在高速增长阶段所需的资金。这一阶段一般最有效的方法是公开发行股票。通过在市场开发和市场份额发展上的加大投资，在合理利润率水平下扩大销售量，从而取得更多的现金流，用于再投资。虽然此时股利分配率依旧保持在较低的水平，但是投资者会被企业未来的经济增长前景所吸引继续投资，这种增长前景已经反映在高市盈率中。企业可以运用市盈率乘以现有每股盈余计算当前股价，通过占据市场中的统治地位来实现每股盈余的增加。在产品生命周期的最初两个阶段中，中小企业主要依靠权益资金的投入扩大竞争优势，并将在以后的、现金流量为正的、成熟的阶段中持续运用这些优势。

3. 成熟阶段的财务战略

这一阶段，由于产量过剩市场上出现了激烈的价格竞争，销售额保持在一个稳定的水平，也就是产品进入成熟期。在成熟期中小企业的风险进一步降低，企业的发展也进入成熟期。这一阶段的主要风险在于是否可以维持增长阶段投资所获得的市场份额，以及能否稳固它在市场中的地位、保持强大的市场价值。因此，这一阶段的重点是提高效率、保持市场份额。此时可以通过引入债务融资获得大量现金净流量。虽然偿还债务的本息会增大企业的财务风险，但这一阶段利用财务杠杆对中小企业发展有好处。由于这一阶段的投资者将要求中小企业支付更高的股利，所以在再投资的过程中使用债务资金的能力以及正的现金流就变得十分重要。随着股利支付率和当前新的每股收益的同步增加，股利支付也会显著增加。

由于中小企业这一阶段的增长前景远远低于早期，因此，需要通过增加股利率来吸引投资，投资者可以获得更多的股利来取得投资回报。当减少中小企业风险和降低相应总体要求的期望回报被加入到同一个方程后，很显然这种转变需要中小企业和投资者之间的有效沟通。

4. 衰退阶段的财务战略

随着市场竞争的加剧以及新产品的出现，产品需求逐渐减少，从而导致经营性现金流衰减。因此，这一阶段中小企业需要调整战略来维持在早期下跌阶段的净现金流。此阶段虽然产品需求量减少甚至被淘汰，但是企业经营风险相对先前较低，此阶段主要是维持企业的生存，同时实现转型升级。

然而这一阶段较低的企业经营风险伴随着较高的财务风险。因此，企业可以通过高股利支付和债务融资来降低财务风险。对于衰退的中小企业而言，消极的增长前景会引发高派息政策，因此使用再投资战略可能降低其风险。在衰退的情况下，正是由于支付的股利里面蕴含着资本的回报，股票价值下跌就不会引起股东的过分关注。

以上文字分析了中小企业不同发展阶段的财务特征。企业应该根据不同的财务特征特征采取不同的融资方式和财务战略。融资方式和财务战略的调整将会深刻影响企业的风险管理。

第二节 我国中小企业的财务管理现状分析

一、我国中小企业财务管理存在的问题

我国中小企业由于规模小、资本和技术构成较低，又长期受到传统文化和经济体制的影响，使其在发展过程中财务管理方面逐渐暴露出很多问题，不能很好地适应市场经济的发展。目前，我国中小企业财务管理存在的主要问题包括：

1. 财务管理基础工作薄弱

（1）财会机构和人才体系不健全

大多数中小企业没有专门的财会机构，对财会人员聘用和管理不规范，财务岗位一般都由管理人员或者行政人员兼职担任，且很多都是企业主或高层管理者的家属、亲戚朋友，没有专业的财会知识和技能，不了解国家法律、法规和财会制度，记账程序混乱，这都严重影响中小企业的经营，导致企业成本和费用升高，从而降低企业的赢利能力。

（2）财会制度不健全

中小企业内部大多没有设立完善的财会制度，对原始凭证管理、计量验

收管理没有严格的程序和制度。财会人员权责不明确,账务处理程序、稽核制度等不规范,财会人员在办理会计事项时随意性强,并且填报不及时,核算不细致、报送报表不及时等问题频频出现,严重影响企业的经营管理效率。

2. 财务管理内容不规范

①从资金筹集上看,中小企业由于处于发展阶段,内部积累少,内源融资能力弱,往往需要通过外部融资来解决资金短缺的困难。而外源融资一般主要包括向金融机构贷款、个人筹资、与其他中小企业之间融资等,主要的资金来源于银行贷款。由于中小企业具有规模较小、变化大、风险高、自我约束能力弱等特点,决定了在市场规律作用下最易受到冲击。而同时由于管理不规范、内部规章制度不健全、随意性较大、权力过于集中,使中小企业具有很大的不稳定性;信息不透明、信用状况较差、财务报表不规范使中小企业与大企业相比信息不对称更为严重。这些先天不足的问题使银行不愿意主动为中小企业服务。中小企业自身由于制度不规范、经营管理不规范、企业资本缺乏、失信行为严重导致信用能力不足。使中小企业融资难的问题无法从根本上解决。

②从资金使用上看,由于中小企业经营环境的不确定性,企业生产经营具有很大风险,从而造成投资决策风险性增大。同时,与大型企业可以通过投资组合分散投资风险不同,中小企业由于资金的有限性又不可能将资金分散投资在多个项目上,而往往专注于某一项目投资,因而不能有效地分散投资风险,加大了中小企业的风险程度。中小企业在投资项目出现失误后往往会面临灭顶之灾。同时,一些中小企业会为了追求利润最大化而进行盲目、不合理的投资,甚至违背国家的产业政策。为了摆脱国家诸多政策的限制,一些中小企业利用权钱交易来解决生产经营过程中遇到的不畅或难办的事,这势必增加企业的开支,这使其经营费用居高不下,严重阻碍企业的经营和发展。

③从资金分配上看,由于中小企业的管理层和财务管理人员素质与技能低下造成资金散乱,分配任意。某些中小企业业主谎报营业收入,发票弄虚作假,通过各种方法偷税漏税,不良经营行为屡见不鲜。在分配过程中没有考虑合理的企业发展需要,经常出现业主或大股东将税后利润据为己有,进行超前消费、奢侈消费,而不进行扩大再生产,从而严重阻碍了企业的发展。

3. 不重视资金运营

许多中小企业的经营者不重视现金运营，错误地认为拥有的现金就是利润，其主要表现有：

①一些私营中小企业主将企业作为自己的家，个人现金和公司现金不分，管理混乱。公司管理层对各项资金运用环节监控不力，甚至内部人员不遵守财务制度。

②由于中小企业管理层和财务人员专业能力薄弱，企业不重视资金的时间价值，赊销占比过大，导致资金周转不畅，应收账款不能按时收回，使得企业的经营雪上加霜。

③资金管理混乱，中小企业经营者常常为了打发每天上门催款的债务人，用现金直接支付本来应该通过支票支付的欠款，既违反财务制度也不利于资金的管理。对于收到的资金也不能有效地利用。

④在存货管理上，中小企业主往往为了追求规模效应而大量投资生产过量的产品，造成公司库存太多，生产资金占用过量，从而造成资金周转困难，库存费用增加，使利润降低。

⑤财务成本管理不科学，很多中小企业经营者盲目进行投资扩大再生产，并盲目接单，不重视企业的启动成本和特殊订货成本的预算管理等。同时，缺乏先进的成本管理方法的指导，没有进行产品盈利能力分析的机制，使企业在严峻的竞争环境中难以获利。

⑥内部财务管理信息化建设落后，随着信息技术和互联网技术的发展，全球企业都进入了信息化的时代，而我国许多中小企业由于发展落后尚未建立信息网络和先进的信息核算系统，还局限于传统模式下的核算体系。中小企业普遍信息化水平低、先进的财务管理软件缺乏，从而导致企业管理效率低下，资源不能被充分合理高效利用。

二、中小企业融资难的不完全信息动态博弈分析

在上述问题中，对中小企业财务管理影响最大的是融资难和投资风险大的问题，下面将就这两方面的问题作进一步的分析。

当前，我国中小企业正面临严峻的融资难问题，这是一个没有太多争议的判断。其主要表现在以下三方面：中小企业融资的难度增大；中小企业的融资成本攀升；民间"高利贷"成为许多中小企业的主要融资方式。中小企业自身存在着规模较小、治理结构不健全、对外财务信息披露不规范等缺

陷,甚至很多中小企业为了获得自身利益故意隐瞒某些不利于自己的信息,编造虚假的信息。所以,在与银行博弈关系中,中小企业具有信息优势,对自己的经营状况、盈利水平、还贷能力和意愿具有比较全面的了解。而银行由于各种原因很难获得这些真实信息,处于信息劣势地位,导致银行对中小企业放贷意愿不强,审查很严,门槛较高。目前学术界和实务界对于中小企业融资难的问题研究较多,无外乎从企业本身、银行和国家政策三方面进行论述。为了更全面地剖析中小企业融资难的问题,本书抽象掉了国家宏观调控等客观因素的影响,建立了不完全信息动态博弈模型,以便于对中小企业与银行的关系进行研究。如图 2-2 所示,第一个符号代表中小企业得益,第二个符号代表银行得益。

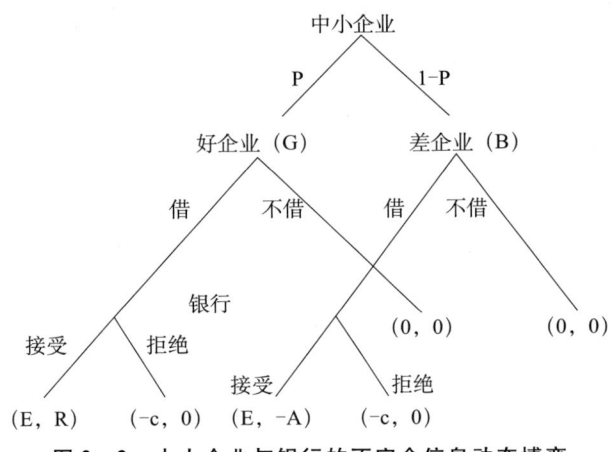

图 2-2 中小企业与银行的不完全信息动态博弈

1. 模型假设

①博弈的参加者即中小企业与银行,双方都是风险中性、完全理性和个体理性的,双方都有准确的判断选择能力,不会犯错误,其决策和行为都是以自身利益最大化为目标。银行的目标是在一定经营风险下实现资产获利的最大化,企业的目标是在成本约束下实现利润最大化。

②双方对信息的掌握是有差异的,中小企业清楚自身的经营状况,而银行是不完全清楚的,因而博弈中的中小企业处于信息绝对优势地位,银行处于信息劣势地位。由于银行处于信息劣势地位,要对申请贷款的中小企业进行资格审核,因此,中小企业向银行申请贷款要付出一定的成本。

③假设中小企业存在两种类型:经营状况良好而偿债意愿较强的企业属于好企业,用 G 表示;经营状况较差而偿债意愿较差的企业属于坏企业,用

B 表示。银行无法确切知道中小企业属于哪一种类型，只能根据中小企业以往的信用记录、经营状况及其贷款申请的有关资料判断该企业的类型。银行判断中小企业属于好企业的概率 $P(g) = P$，属于差企业的概率 $P(b) = l - P$。P 值的大小一般是通过以往的经验性的知识、数据和资料归纳推算出来，或根据平均情况得到。如前面所分析的，目前我国中小企业财务管理水平不规范，总体信用状况比较差，银行对中小企业的贷款风险比较高，在大多数情况下，银行对中小企业是好企业的判断的 P 值一般比较低。

④假设中小企业向银行申请贷款成功得益为 E，失败为 $-c$，银行向好企业贷款得益为 R，向差企业贷款得益为 $-A$，拒绝得益为 0。

⑤社会惩罚约束机制比较完善，不考虑企业是否还款以及银行是否追究的问题。

2. 模型分析

该博弈最有效率的均衡结果是，市场上只有效益好的中小企业向银行申请贷款，而效益差的中小企业不敢向银行借款，此时因为向银行借款的都是好企业，因此，银行会选择接受所有贷款申请，市场达到帕累托最优状态，不存在贷款风险。然而由于信息不对称问题，这种理想的状态是不可能达到的。证明如下：

①中小企业策略：好企业选择借款，差企业选择不借；

②银行策略：选择贷款，只要中小企业愿意借；

③银行判断：$P(g|x) = l$，$P(b|x) = 0$。其中 x 代表中小企业向银行借款。

用逆推归纳法分析，银行选择接受的得益为：

$$R \times P(g|x) + (-A) \times P(b|x) = R$$

银行选择拒绝的得益为 0，由于 $R > 0$，银行选择贷款。返回到第二阶段，给定银行的策略，好企业选择借款的得益为 E，选择不借的得益为 0，因此好企业会选择借款。差企业选择借款的得益为 E，选择不借的得益为 0，因此差企业也会选择借款。这样，差企业的策略与完美贝叶斯均衡的序列理性相矛盾，市场无法达到帕累托最优状态，信息不对称问题 P 的存在产生了银行的信贷风险。尽管信息不对称问题使得最优效率的均衡结果无法达到，但在一定条件下，部分有效率的结果是可以出现的：

①当 $P > \dfrac{A}{R+A}$ 时，即：银行接受贷款申请，中小企业不管效益好还是效

益差都选择借,此时银行仍然面临贷款风险,但市场总的来说或平均起来还是有效率的。证明如下:

a. 中小企业策略:不管好企业还是差企业都选择申请贷款。

b. 银行策略:选择接受贷款申请,只要企业选择借。

c. 银行判断:$P\left(\frac{g}{x}\right) = P$,$P\left(\frac{b}{x}\right) = 1-P$。

用逆推归纳法分析:银行选择接受的得益为 $R \times P\left(\frac{g}{x}\right) + (-A) \times P\left(\frac{b}{x}\right) = (R+A) \times P - A$,银行选择拒绝的得益为 0,当 $P > \frac{A}{R+A}$ 时,接受的得益大于拒绝的得益,因此银行会选择贷款。返回到第二阶段,给定银行的策略,企业选择借款的得益为 E,选择不借的得益为 0,因此,好企业和差企业都会选择申请贷款,双方策略符合序列理性的要求,这样,当 $P > \frac{A}{R+A}$ 时,该策略组合和判断就构成了一个唯一的纯策略完美贝叶斯均衡。

②当 $P < \frac{A}{R+A}$ 时,银行选择不贷款,企业选择不借,双方得益为(0,0)。

③当 $P = \frac{A}{R+A}$ 时,上述两个均衡同时存在。

3. 结论

在该博弈模型中,由于信息不对称,使得最优效率的均衡结果无法达到。但是当 $P > \frac{A}{R+A}$ 时,总起来说,银行贷款是有好处的,不过这种一次性博弈无法排除银行以 $1-P$ 的概率向 B 企业发放贷款,即无法完全排除(E,$-A$)这个不稳定均衡,因而银行的贷款风险仍然是存在的,这一结果是信息不对称条件下信息优势方获得信息租金的结果,市场效率不高。

信息不对称程度越大,中小企业获得的信息租金也就越多,银行的贷款风险也就越高。由于银行缺乏准确的信息,必然会对申请贷款的中小企业的经营状况或其他相关资料的审核更加严格,从而增加了中小企业的负担。在这种情况下,好企业利用自身优势转向其他融资方式,选择申请贷款的积极性就会下降,市场中只有差企业由于受自身条件限制,选择继续向银行申请贷款,如此循环,银行对好企业判断的 P 值也会越来越低,而当 $P < \frac{A}{R+A}$ 时,双方得益为(0,0),出现最差的结果。这一模型很好地分析了中小企

业融资难的现状。只有在信息对称的情况下，才可以消除中小企业的信息租金和银行向差企业贷款的顾虑，使银行面临的贷款风险降到最低，如增如博弈次数，在重复博弈中减少双方的信息不对称，或采取触发策略来实现合作。

三、中小企业投资活动及风险分析

1. 中小企业投资活动存在的问题

我国许多中小企业在投资活动中，不从企业实际出发，盲目扩展，最终导致企业资金周转不灵，甚至倒闭。具体表现为：盲目扩张生产规模，造成企业营运资金周转困难，使原有的经营项目受损；为了避免产品单一所带来的经营风险，力图通过多元化投资分散经营风险，但是由于资本规模有限，新的投资项目对资金的大量占用，资金就更加显得捉襟见肘。目前我国中小企业投资主要存在的问题包括：

（1）投资缺乏整体意识

伴随着中国经济的持续稳定增长，很多中小企业抓住了良好的机遇而高速发展。由于发展过快，企业未来得及思考前景和方向，发展速度就已经超过预期，所以许多中小企业根本没有一个完整的战略规划。很多中小企业所说的"战略"只能说是远景规划。比如规定企业各项具体经营指标，产值、利润等什么时候要达到什么样的水准。但"远景规划"和战略是不一样的，比如，对企业的定位、优势、缺陷、产业前景等没有深层次的思考，而这方面是战略层面上的东西，是有关企业持续发展的大计。因此，大多数企业的投资不可避免地带有盲目性，大多数情况下投资只是为了满足眼前的需要。许多固定资产投资缺乏长远考虑，不能和企业的发展战略结合起来，容易造成投资的损失。

（2）投资能力弱，缺乏科学性

造成中小企业投资能力弱的主要原因是中小企业投资所需资金短缺且融资成本高，这是由中小企业自身的组织形式和发展状况所决定的。如上分析，中小企业注册资本较少，资本实力有限，银行认可的不动产数量较少，缺乏信用保证，很难取得银行的贷款。即使银行同意向中小企业贷款，也因高风险而提高贷款利率，向企业收取较高的利息费用，从而增加了融资成本，降低了投资收益。所以，中小企业吸收资金比较困难。

另外，中小企业投资有时带有一定的盲目性，凭经验办事，缺乏科学依据。许多中小企业决策者并不重视财务管理在企业中的核心地位，不进行投资分析，投资决策草率。不少企业为了适应竞争的环境，投资了不少新的项目，但是由于对新项目并未进行深入调查、论证，可行性研究不充分，加之自身技术不到位，债务负担过重或缺乏有效的组织管理等，最终导致投资项目失败。

（3）投资决策者素质低，决策信息质量不高

在资金不足的困扰下，如何进行投资并取得良好的收益，对每一个中小企业决策者来说都是一个难题。其原因在于决策者和财务人员的素质普遍低下。许多决策者缺乏基本的财务管理知识，有的甚至连财务报表都看不懂，进行投资决策与获取投资决策信息的能力也就无从谈起。由于中小企业在人、财、物方面与大型企业相比较存在着明显的劣势，影响了其获取投资决策信息的能力和渠道，不注意财务会计信息的分析处理，会计核算体系不够健全，很少能正确地处理财务报表中存在的问题。

（4）无形资产投资管理缺位

无形资产投资管理缺位主要表现为许多中小企业不注重商标保护，痛失商标使用权。目前，许多中小企业产品都有了自己的商标，但已注册、受到法律保护的并不多。尤其是企业忽视商标的国际注册，使中小企业蒙受了不少损失。中外合资经营中，中方以无形资产投资的部分被分割，甚至销声匿迹；经营管理不善，投资的无形资产多渠道流失；某些中小企业的技术保密意识差，独特技术工艺随意对外开放，被别人轻易获取；还有一些中小企业对外许可使用商标时，只管收取使用费，不去监督使用质量，让一些劣质商品贴上自己的商标去损害消费者的利益，使自己苦心经营多年的无形资产慢慢贬值、黯然失色。

（5）投资项目人员配备不合理

许多中小企业在进行长期项目投资时，一般的做法是在企业内部找几个懂得一定技术的人员，成立企业发展部或投资部，通常也没有详细的工作计划，就一个很笼统的任务。按照科学的做法，企业在配备负责新项目投资的人员时应该考虑各方面的专业特点，组建各类专业人员的合作团队。比较合理的人员配备应该是40%的市场销售人员、30%的理财人员、30%的技术人员。通过市场研究来确定项目建设的必要性，通过企业战略、经济环境、政策研究以及盈利能力的财务分析确定项目的合理性，通过技术环保论证确定项目建设的可行性和成长性。目前我国大部分中小企业显然做不到这一点。

不合理的人员配置、轻率的投资决策导致投资项目成功率很低。

（6）不重视项目管理

中小企业出于节省成本的考虑，一般尽可能减少人员数量，对于既定的投资项目大多派一两个人进行监督，很少配备专业人员进行必要的管理。而对监管人员的选择也较为随意，往往由于监管人员缺乏专业知识和经验，无法有效控制投资过程中的资金使用和成本，后果必然是成本暴涨，投资增加，项目建设过程中该快不快，该慢不慢，导致投资项目进展不符合预期。

（7）投资风险大

这里的风险，指的是系统性风险和公司风险。和大型企业相比，中小企业投资的盲目性更大，虽然企业主是根据自身利益最大化原则作出的投资决策，但由于缺乏专业知识和对市场、行业的把握能力，个人决策的随意性和盲目性较大。另外，中小企业缺乏专门人才，在进行投资决策时缺乏科学的分析预测工具和手段，信息的收集能力弱，不能进行有效的投资分析，致使中小企业的投资决策有较高的风险。

（8）投资缺乏创新意识

创新是企业在市场竞争中立于不败之地的关键。中小企业和大型企业相比，有自身明显的特点和优势，对于创新来说，由于机制灵活，容易结合企业自身的优势进行创新，形成企业的特点，培育企业自身的核心竞争力。同时，中小企业进行创新活动的风险明显大于大型企业，因此，容易造成一部分企业家缺乏创新意识，害怕创新投资中的风险。对于产业成熟期的企业而言，创新更是生死攸关的大事。但实际情况是，大多数中小企业更倾向于对既定产业模式的模仿和学习，而不是去创新。

2. 强化中小企业投资的对策

（1）改善中小企业外部融资环境

首先要解决中小企业资金短缺问题，需要政府、财政、企业共同努力。可从以下方面入手：一是在资金政策上给予优惠。如政府直接资助，即对于自主创新创业的，政府按其所安排的就业人员数量，直接给予资金资助。如在贷款利率上给予优惠，可以采取无息、贴息、低息等多种方式支持中小企业的发展，在税收上给予中小企业优惠。二是拓宽中小企业融资渠道。针对中小企业在融资方面存在的渠道不畅、形式单一等问题，采取相应措施。如建立促进中小企业发展的准备金制度及中小企业银行，为中小企业融资提供专业化服务。还可以成立中小企业贷款担保机构，为中小企业融资提供有偿服务等。

(2) 努力降低投资风险

①以对内投资方式为主,加强对新产品试制的投资、对技术设备更新改造的投资、对人力资源的投资。人力资源是企业发展的基本因素,加强人力资源的投资,有助于提高中小企业的管理水平。另外,需要加强对新产品试制、技术革新的支持和管理,提高劳动效率和经济效益。

②分散资金投向,降低投资风险,减少投资损失。多产品的生产企业,要正确处理资金投入、产出、创利与市场占有率、市场成长率的关系,搞好资金分配。中小企业要充分考虑发展方向、竞争对手、市场需求、企业优势、资源条件和收益目标等诸因素,科学选择投资方向。

③对投资项目进行可行性分析,注意实施跟进战略,规避投资风险。在对企业外部环境和内部条件进行调查研究、分析企业面临的发展机会与挑战的前提下,明确企业当前和未来的经营方向,提出目标,在需要与可能的基础上,提出可行的经营方案。方案应该有多个,以便比较和进行全面评价,并从中选择一个满意方案。在对方案进行评价和选择时,需要运用投资分析的理论和方法。一旦确定,即应付诸实施。

④规范项目投资程序。当中小企业在资金、技术操作、管理能力等方面具备一定的实力以后,就应该规范项目投资程序,实行投资监理,对投资活动的各个阶段进行精心设计和安排。

(3) 强化企业内部管理机制

中小企业应积极进行股份合作制改造,通过推行股份合作制这一新型企业组织形式,强化企业职工的主人翁地位,提高职工对企业资产的关心程度和风险意识,增强企业的凝聚力。拓宽融资渠道,形成完善的法人治理结构,从而使中小企业走向市场,达到转换经营机制、提高竞争能力的目的。同时,还要不断改革财务管理体制,提高中小企业财务管理人员的素质,采用先进的财务管理技术和方法,管理好企业的资金投向,增强企业资金的赢利能力,建立科学完善的投资风险防范体制。

(4) 树立整体战略意识,将投资纳入企业战略管理

虽然中小企业由于实力的制约,无法像大型企业那样有足够的资源和渠道进行企业战略管理,但中小企业应根据自身优势和劣势研究市场机会和挑战,充分利用大数据收集和自身产业有关的市场信息、行业发展状况和趋势等信息,分析竞争对手和潜在竞争者的状况,以这些信息来确定企业的发展

方向和总体战略,并在总战略指导下提出投资战略和相应的营销战略,选择适合企业的投资项目。

(5) 树立投资风险管理意识

由于中小企业经营环境的不确定性以及自身管理的局限性,造成其投资风险大。所以,中小企业管理者必须树立投资风险管理意识,在保证投资回报率的基础上降低风险,避免无谓的损失。具体措施包括尽可能多地进行中短期的投资,投资决策方法采用简单易行的投资回收期和投资回报率法,建立投资风险预测体系等。

3. 中小企业投资决策

(1) 投资决策特点

①中小企业的投资大多是对内投资。对内投资主要包括以下几方面:一是对现有产品进行扩大再生产。二是新产品试制。由于中小企业产品的市场占有份额有限,企业拳头产品也有一定的生命周期,如果企业能不断有适销对路的新产品上市又不断淘汰陈旧的老产品,则有可能在市场竞争中始终立于不败之地。但如果技术引进比新产品试制更能节约投资,则应采纳前者。三是机器设备更新改造。四是对人力资源的投资。

②中小企业在对外投资中以直接投资为主。对外投资采用的方式主要是参股、控股和跨行业投资。具有一定实力的中小企业有时也可采用对外投资的方式,并以直接投资为首选方式。由于中小企业在资金管理上的问题加上融资困难,很少有生产型中小企业在证券市场上进行买卖股票或债券的间接投资。

③在投资决策评估中重视市场调查及投资回收。在现代财务理论中,投资决策评估方法通常包括五种:净现值法、盈利指数法、内含报酬率法、投资回收期法和投资报酬率法。除了这五种可供选择的投资决策方法外,大多数企业在进行项目评估时以市场调查结果作为投资决策的重要依据。中小企业在进行投资决策时,往往有重视市场而忽视对投资项目进行全面评价、重视以会计收入为基础的决策规则而忽视以现金流量为基础的决策规则的特点。

(2) 投资决策的程序

中小企业投资决策的程序一般包括:

①确定投资项目。在企业中,各个部门、各个级别的管理人员(包括工人)都可以提出投资建议。一般而言,企业的高层管理人员提出的投资多是

大规模的战略性投资，其投资的金额巨大，影响深远；基层或中层人员提出的投资主要是一些战术性投资项目或维持性投资项目。但无论是哪个部门提出的投资建议，都需要高效的管理信息系统，以保证投资信息的传递。

②投资项目的收益、成本和风险的评价。在确定可行的投资项目之后，下一步就是评价。评价主要包括以下几点：先对提出的投资项目进行分类；然后分析、估测各个投资项目的成本与收益，预测投资项目所需要的现金流量，并考虑与此相关的风险，为选择投资项目提供财务数据；运用各种投资评价指标，对各项投资按可行性进行排序；最后写出详细的评价报告。企业管理者必须充分地认识到，准确估测投资项目的成本与收益是非常花费时间的过程，而且可能是固定资产投资决策过程中最困难的一个部分，因为所有的估测都是建立在假设基础之上，和现实可能会有很大的出入。

③投资项目的决策。投资项目评价后，还会存在着一个问题，即谁有权进行最后的决策。对于一个投资方案，最后决策的管理层可能是部门主管、总经理或董事会。投资方案最终由哪一个管理层次批准，主要取决于投资成本，一般而言，支出的资本越多，批准项目的管理层次就越高。不管由谁最后决策，其结论一般有三种：一是接受这个项目，可以进行投资；二是拒绝这个项目，不能进行投资；三是发还给项目提出部门，重新调查后，再做处理。

④投资项目的执行。投资项目的实施，首先是要筹集资金。企业应当根据投资计划中的筹资方案，及时足额地筹集资金，以顺利实施投资方案。在投资项目的执行过程中，要对工程进度、工程质量、施工成本进行控制，以便使投资按时完成。

⑤投资项目的再评价。在投资项目的执行过程中，应考虑原来对各种投资机会的收益、成本与风险的估测是否准确，是否有新的情况出现，如果有，就要根据变化的情况作出新的评价，并对投资计划加以修订和调整。例如，在筹资过程中，如果资本市场发生剧烈变化，使得资金筹措困难或成本大幅度上升，从而使原先有利可图的投资变得无利可图，乃至亏损，那么，企业就有必要调整其投资计划。

4. 投资决策评价指标

对投资项目评价时使用的指标分为两类：一类是贴现指标，即考虑了时间价值因素的指标，主要包括净现值、获利指数、内含报酬率等；另一类是非贴现指标，即没有考虑时间价值因素的指标，主要包括回收期、平均会计收益率等。根据分析评价指标的类别,投资项目评价分析的方法,也被分为贴现的分析评价方法和非贴现的分析评价方法两种。

(1) 非贴现的分析评价方法

非贴现的方法不考虑时间价值,把不同时间的货币收支看作是等效的。这些方法在选择方案时起辅助作用。它又具体包括以下两种方法:

①回收期法(payback period rule,PPR)。回收期是指投资引起的现金流入累计到与投资额相等所需要的时间。它代表收回投资所需要的年限,是一种运用很久、很广的投资决策指标。如果计算出的回收期短于某个最长可接受的回收期,则该方案将被接受;否则,该方案将被拒绝。回收年限越短,方案越有利。

在原始投资一次支出,每年现金净流入量相等时:

$$回收期 = \frac{原始投资额}{每年现金净流入量}$$

如果现金流入量每年不等,或原始投资是分几年投入的,则其回收期计算要一年年分别计算。

回收期法的主要缺点如下:

无法考虑回收期以后产生的现金流量,事实上,有战略意义的长期投资往往早期收益较低,而中后期收益较高,因此不能把它看作获利能力的度量。

该方法还没考虑回收期内不同现金流量所需的时间。

由于选择回收期没有相应的参照标准,因此在决策中会导致某种程度的主观臆断。

回收期法尽管有上述缺点,但仍为人们所使用,主要是因为回收期法计算简便,并且容易为决策人所正确理解。它是过去评价投资方案最常用的方法。但现在通常只是作为其他更复杂方法的补充。它确实在一定程度上赋予了管理层识别项目的风险性和流动性的能力。一般认为,回收期越短,项目的风险就越低,流动性越强。

②平均会计收益率法(average accounting return,AAP)。这种方法计算简便,应用范围很广。它在计算时使用会计报表上的数据和普通会计的收益和成本观念。其公式如下:

$$会计收益率 = \frac{年平均净收益}{原始投资额} \times 100\%$$

有人主张，计算时公式的分母使用平均投资额，这样计算的结果可能会提高一倍，但不改变方案的优先次序。

平均会计收益率法的主要优点是比较简单、易算、易懂，它使用已有的会计信息。一旦计算出方案的平均会计收益率法，就可以拿它和必要报酬率相比，来决定某一特定方案的取舍。这种方法的主要缺点是，它以会计收益而非现金流量为基础，并且没有考虑现金流入和流出发生的时间。货币的时间价值被忽略了，即认为收益无论是在最后一年产生还是在第一年产生其效果相同。单纯地运用该法，也有可能形成错误的决策。

（2）贴现的分析评价方法

贴现的分析评价方法，是指考虑货币时间价值的分析评价方法，亦被称为贴现现金流量分析技术。它又具体包括以下三种方法：

①净现值法（net present value，NPV）。这种方法使用净现值作为评价方案优劣的指标。所谓净现值，是指特定方案未来现金流入的现值与未来现金流出的现值之间的差额。按照这种方法，所有未来现金流入和流出都要按预定贴现率折算为它们的现值，然后再计算它们的差额。如净现值为正数，即贴现后现金流入大于贴现后现金流出，该投资项目的报酬率大于预定的贴现率。如净现值为零，即贴现后现金流入等于贴现后现金流出，该投资项目的报酬率相当于预定的贴现率。如净现值为负数，即贴现后现金流入小于贴现后现金流出，该投资项目的报酬率小于预定的贴现率。

计算净现值的公式如下：

$$净现值 = \sum_{k=0}^{n} \frac{I_k}{(1+i)^k} - \sum_{k=0}^{n} \frac{O_k}{(1+i)^k}$$

式中：n 表示投资涉及的年限；I_k 表示第 k 年的现金流入量；O_k 表示第 k 年的现金流出量；i 表示预定的贴现率。

净现值法具有广泛的适用性，在理论上也比其他方法更完善。主要的优点是：考虑了资金的时间价值，能反映投资项目在其整个经济年限内的总效益。

净现值法的缺点是：不能揭示各个投资方案本身可能达到的实际报酬率，在有多个备选投资方案且资本限量的情况下，如果只根据各个投资项目净现值的绝对额进行决策，往往难以准确判断。

净现值法应用中确定贴现率的方法有两种，一种方法是根据资金成本来确定，另一种方法是根据企业要求的最低资金利润率来确定。前一种方法，由于计算资金成本比较困难，故限制了其应用范围；后一种方法根据资金的机会成本，即一般情况下可以获得的报酬来确定，比较容易解决。

②获利指数法（profitability index，PI）。这种方法使用获利指数作为评价方案的指标。所谓获利指数，是未来现金流入现值与现金流出现值的比率，亦称现值比率、现值指数、贴现后收益—成本比率等。

计算获利指数的公式为：

$$获利指数 = \sum_{k=0}^{n} \frac{I_k}{(1+i)^k} \div \sum_{k=0}^{n} \frac{O_k}{(1+i)^k}$$

式中：n 表示投资涉及的年限；I_k 表示第 k 年的现金流入量；O_k 表示第 k 年的现金流出量；i 表示预定的贴现率。

获利指数法的优点是：考虑了货币的时间价值，能够真实地反映投资项目的收益水平，可以进行独立投资机会获利能力的比较；因获利指数是用相对数来表示，所以有利于在初始投资额不同的投资方案之间的对比。

获利指数法的缺点是：和净现值法一样，没能揭示投资项目的实际报酬率。获利指数可以看成是 1 元原始投资可望获得的现值净收益，因此，可以作为评价方案的一个指标。

③内含报酬率法（internal rate of return，IRR）。内含报酬率法是根据方案本身内含报酬率来评价方案优劣的一种方法。所谓内含报酬率，是指能够使未来现金流入量现值等于未来现金流出量现值的贴现率，或者说是使投资方案净现值为零的贴现率。

净现值法和获利指数法虽然考虑了时间价值，可以说明投资方案高于或低于某一特定的投资报酬率，但没有揭示方案本身可以达到的具体的报酬率是多少。内含报酬率是根据方案的现金流量计算的，是方案本身的投资报酬率。

内含报酬率的计算，有以下两种情况：

第一种情况，如果每年的净现金流入量相等，则按下列步骤计算：

先计算年金现值系数，其公式如下：

$$年金现值系数 = \frac{初始投资额}{每年净现金流入量}$$

再查年金现值系数表，在相同的期数内，找出与上述年金现值系数相邻近的较大和较小的两个贴现率。

根据上述两个邻近的贴现率和已求得的年金现值系数，采用插值法计算出该投资方案的内含报酬率。

第二种情况，如果每年的净现金流入量不等，则需要用"逐步测试法"。按下列步骤计算：

先估计一个贴现率，并按此贴现率计算方案的净现值。如果计算出的净现值为正数，则说明方案本身的报酬率超过估计的贴现率，应提高贴现率，再进行测算；如果计算出的净现值为负数，则说明方案本身的报酬率低于估计的贴现率，应降低贴现率再进行测算。经过如此反复测算，找到净现值由正到负并且比较接近于零的两个贴现率。

根据上述两个邻近的贴现率再采用插值法，计算出方案的实际内含报酬率。

在资金充足、内部控制体系健全、管理人员素质比较高的前提下，中小企业应该建立以动态分析法为主，以静态分析方法为辅的财务分析体系。第一，要关注机会成本。机会成本，是指决策时从多种可供选择的方案中选取一种方案而必然放弃其他方案的代价。只有把已失去的"机会"所可能产生的效益也考虑在内，才能对所选方案的最终效益进行科学、全面地评价。第二，要注重风险的影响。任何投资都可能要经过较长时期才能收回，而在这期间往往又会产生投资风险。作为企业的经营者，在作出投资决策之时就应将各种风险充分考虑在内，全面评价、权衡，从可能存在投资风险的各个方面进行反复研究、论证，尽量做到使投资决策客观、科学。

第三节 我国中小企业的财务控制机制分析

一、中小企业财务控制的构成要素

现代中小企业内部财务控制整体框架是内部控制机制的重要组成部分，其以控制环境为基础，风险评估为依据，控制活动为手段，信息与沟通为载体，监控为保证。是一个有机的统一体。

1. 财务控制环境

①中小企业内部的财务管理风格和方式，财务管理者和执行者的素质，财务控制的能力和积极性，对财务相关因素的重视程度，对财务风险和外部环境变化的反应等，都会直接对财务控制效果产生重要的影响。

②中小企业内部董事会及其下属的预算委员会、审计委员会等是财务治理结构的核心和财务控制的重要主体，完善合理的财务组织结构和权责体系可以明确各职能机构的职责和权力，是形成和完善中小企业财务内控机制和有效执行财务内控任务的保证。

③科学的财务控制方法和体系对有效实行中小企业内部控制产生积极的作用。

④完善的财务控制相关人事管理制度和薪酬制度、重要岗位的委派制、定期轮换制都有利于企业内部财务的控制。

⑤内部财务控制的相关法律法规、相关税务监管部门内控规定以及证券监管部门对上市公司内部财务控制的相关要求，都会对中小企业内部财务控制产生不同程度的影响。

2. 财务风险评估

在变幻莫测的市场环境中，中小企业不可避免地会遇到内外部各种风险，因此其必须了解引起风险的各种因素以及风险类型和程度，从而确定内部风险控制的重点。财务风险控制的主要内容包括财务风险识别、评估、预警和防范。

3. 财务控制活动

财务控制活动主要包括业务授权批准控制制度、业务流程和操作规程的规定、健全正确的业务记录、完善的规章制度和检查与验证措施、科学的控制标准。这些对中小企业内部财务控制起着重要的作用，缺一不可。

4. 财务管理信息及其沟通

中小企业的资金流和物流通过信息流得到良好的反映，信息流是物流和资金流系统的联系纽带。管理者通过对信息流的管理实现对物流、资金流的目标、方向和速度的科学规划和调节。因此中小企业必须建立科学的财务管理信息系统，保证信息沟通渠道畅通，才能及时获取有效完整的财务管理信息，从而使财务信息在企业内部、外部高效地传递和沟通。

5. 财务监控

对内部财务进行实时监控是内部财务控制的重要组成要素，是实施内部财务控制的重要手段。实时监控可以随时观察和了解企业内部财务管理的过程和效果，并且可以对内部财务控制有效性及其效率进行评价。也这是对中小企业内部财务控制运行的"再控制"。

二、中小企业财务控制的设计原则

1. 成本效益原则

成本效益原则是指财务控制流程的设计应以企业治理结构的要求、业务特点、部门设置以及企业规模的特点为依据，正确处理成本与效益的关系，实现运行成本最低、效益最大的目标。中小企业作为一个营利性经济组织，从事的任何一项活动都必须遵循和坚持成本效益原则。

2. 相互牵制原则

相互牵制原则是指一项完整的业务活动，必须经过具有互相制约关系的两个或两个以上的岗位。在横向关系上，至少要由彼此独立的两个部门或人员办理以使该部门或人员的工作接受另一部门或人员的检查和制约；在纵向关系上，至少要经过互不隶属的两个岗位和环节，以使下级受上级监督、上级受下级牵制。该原则是财务控制系统有效性的基本保证，特别是各项业务的授权、执行、记录、保管、核对环节的相互牵制尤为重要。

3. 协调性原则

协调性原则是指在业务流程的设计中，各部门或人员必须相互配合，各岗位和环节都应协调同步，从而保证业务程序和手续能够紧密衔接，保证业务活动的连续性和有效性。

4. 责权利相结合原则

以责任为核心、以权利为保证、以利益为手段，通过责、权、利的有机结合为财务控制系统的有效运行提供保证。这一原则应贯穿于每一具体业务流程的控制之中。以上述的对外投资业务为例，无论是投资的决策，还是投资的执行程序，均涉及若干不同的部门和岗位，所以在投资业务的内部控制系统设计中，首要一点是明确这些部门和岗位的职责、权限和利益，通过约束和激励的措施或手段保证控制系统的有效运转。

5. 全面审慎性原则

全面性原则是指在符合财务控制要求的前提下，业务流程的设计必须能够覆盖企业业务活动的全部和企业经营管理的各个环节，不得留有制度上的空白或遗漏。审慎性原则是指财务控制应以审慎经营和防范、化解风险为基本出发点，如针对人员频繁流动带来的管理风险，企业应在其法人内部保持统一的业务标准和操作要求，避免由于管理层的变更影响其连续性和稳定性。

6. 适时性原则

适时性原则是指财务控制制度应当具有前瞻性，并与企业的外部环境和内部管理的需要相适应，应随着企业的经营战略、经营方针以及内部管理需求等内部环境的变化和国家相关法律、法规及政策制度等外部环境的改变进行适时的调整。这是控制制度的有效性和生命力的保证。

三、中小企业财务控制的主要内容

1. 从财务内控的关键点看

关键点是内部控制的主要内容和着力点。因此，中小企业必须根据企业实际情况并借鉴国内外成功的经验，把以下几方面作为关键点进行财务的内部控制：

①组织规划控制，主要是指科学设置企业的财务治理结构、合理划分财权和财务控制权、明确财务管理各部门职责和关系等。

②业务处理程序控制，主要是指财务中的资金筹集、资金应用、资金分配、资金回收等方面决策程序的规定、执行和信息反馈。

③信息控制，指在资金筹集、资金应用、资金分配、资金回收等整个过程中涉及的信息以及各财务管理部门的财务监控以及管理信息的控制，这些信息主要是企业内部的会计信息，也可能涉及一些经济信息。

④资金安全控制，指财务管理中的筹资、投资以及利润分配都会引起企业的风险，都需要进行防范。在筹集资金的时候要防范筹资成本的过高和筹资方式不合理引起的风险，在投资过程中要平衡投资收益和投资风险，在利润分配过程中要处理好各方面关系公平合理地进行分配。因此，资金安全控制通过对风险的监控、评估和预警防范，实现资金收支在数量和时间上的动态平衡，减少资金的损失和消耗。

⑤人员素质控制，财务控制是一项复杂的系统工程，需要高素质的财务管理人员随机应变，对财务风险进行实时监控和处理。

⑥预算控制，指中小企业根据实际情况对财务预算进行合理控制，财务预算是财务内部控制的基本组成部分。

⑦内部财务管理审计，指对财务内控制度和控制业绩进行审计评价，是财务内控的重要组成部分。

2. 从内部控制的措施看

内部控制的措施是财务控制的核心，除上述的关键控制之外，还包括不相容职务相分离控制、授权批准控制、文件记录控制、实物保全控制和内部报告控制等。控制措施本身不是现成的控制制度，而是将控制精神融汇于会计事项内部控制的方法和程序中形成的内部控制制度。这些控制措施也并不局限于财会部门，它贯穿于管理的各个层面、各个部门。

（1）不相容职务分离控制

所谓不相容职务是指那些若由一个人担任就既可能发生错误和弊端又可掩盖其错误和弊端的职务。企业内部主要的不相容职务有：授权批准职务、业务经办职务、财产保管职务、会计记录职务和审核监督职务。这五种职务之间都应实行分离。不相容职务分离制约关系如图 2－3 所示。

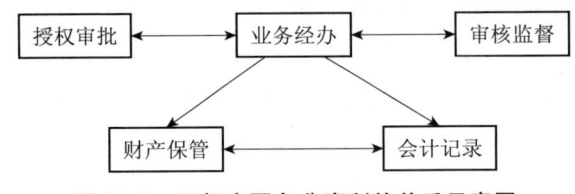

图 2－3　不相容职务分离制约关系示意图

（2）授权批准控制

企业在处理经济业务时，必须建立授权批准体系，以便进行控制。授权批准按其形式可分为一般授权和特殊授权。一般授权是指对办理常规业务时权利、条件和责任的规定，其时效性较长；特殊授权是对办理例外业务时权利、条件和责任的规定，其时效性较短。无论采用哪一种授权批准方式，企业都必须建立授权批准体系，包括授权批准的范围、层次、责任和程序。

（3）文件记录控制

健全、正确的文件记录既是组织规划控制和授权批准控制的手段，又是企业保持工作效率、贯彻企业经营管理方针的基础。文件记录控制主要包括：建立企业组织机构职能图和授权审批权限一览表；建立全员岗位说明书和业务程序手册；统一会计科目和凭证编号；统一会计政策。

（4）实物保全控制

实物保全是指对实物资产的直接保护，主要内容包括限制接近、定期盘点、记录保护、财产保险和财产记录监控。

（5）内部报告控制

为保证企业内部管理的时效性和针对性，企业应当建立内部管理报告体系，常用的内部报告包括：资金分析报告、经营分析报告、费用分析报告、资产分析报告、投资分析报告和财务分析报告等。建立良好的内部报告体系对提升企业的管理效益和防范风险有很大的作用。

3. 从财务管理的基本环节看

财务内控是贯穿整个财务管理过程的控制。中小企业财务管理包括财务预测、财务决策、财务计划、狭义的财务控制、财务分析等五个基本环节，因此，财务内部控制包括财务预测的控制、财务决策的控制、财务计划的控制、狭义的财务控制和财务分析的控制。财务内部控制是围绕财务管理而形成的控制循环过程，其中财务预算就是整个财务内控过程的连接纽带，既是财务预测和决策的具体化，也是狭义的财务控制的标准和依据。

本章小结

本章首先阐述了我国中小企业的界定标准，进而分析了我国中小企业的财务管理特征，剖析了中小企业的资金运行系统、不同发展阶段的财务战略以及财务管理现状。尤其对中小企业融资难和投资风险高的两大财务管理突出问题进行了论述。在此基础上，分析了中小企业的财务控制机制，提出现代中小企业内部财务控制整体框架应以控制环境为基础，风险评估为依据，控制活动为手段，信息与沟通为载体，监控为保证等。

第三章
财务控制下中小企业财务风险管理框架设计

第一节 财务控制与财务风险管理的逻辑关系

财务控制与财务风险管理分别作为内部控制与风险管理的一个重要组成部分,它们之间的关系应该也同样适用于内部控制与风险管理的关系。

一、两者的联系

1. 财务风险管理涵盖了财务控制

COSO框架中明确地指出全面风险管理体系框架包括内控,并将之作为一个子系统。因此,也可将财务控制视为财务风险管理的一个组成部分。

2. 财务控制是财务风险管理的必要环节

财务控制的动力来自于中小企业对财务风险的认识和管理。对于中小企业所面临的大部分财务风险,或者说对于中小企业的所有业务流程之中的财务风险,财务控制系统都是必要的、高效的财务风险管理方法。同时,维持有效的财务控制系统也是国内外许多法律法规的合规要求。因此,满足财务控制系统的要求也是中小企业财务风险管理体系应该达到的基本状态。

二、两者的区别

1. 二者的范围存在差异

作为财务管理的职能之一,财务控制主要通过事后控制以及过程控制来达到其自身财务目标,而财务风险管理则在确定财务目标之前就关注财务风险,其活动贯穿于财务管理的全过程。

2. 二者的活动存在差异

财务风险管理包含一系列具体的活动。当前财务风险管理的主要内容包括目标和战略的设定,财务风险评估,财务管理人员聘用,财务预算以及报告程序等活动,而这些活动并没有全部纳入财务控制之中。财务控制专注于财务风险评估、财务控制活动实施、信息与交流活动、监督评审与缺陷的纠正等财务风险管理过程的中期和后期活动环节。二者最显著的区别是财务控制聚焦于评价企业财务目标确定过程中的财务风险,而不负责财务目标的具体设定。

3. 二者应对财务风险的方法存在差异

财务风险管理框架在财务风险评估的基础上引入了一系列新的概念和方法,如风险容忍度、风险偏好、情景分析、压力测试、风险对策等,该框架致力于保持企业财务风险偏好与财务战略的一致性,保持风险、增长与收益的协调性,进而实现董事会和公司高层确定的财务风险管理目标。而对现行财务控制框架而言,这些内容都是无法涵盖的。

综上可知,随着两者的日趋完善,财务控制和财务风险管理的交叉融合、直至统一将是未来发展趋势。

第二节 中小企业财务控制与财务风险管理的整合框架

目前,COSO框架已成为企业全面风险管理的主要标准,国际风险管理领域的其他企业内部控制和风险管理标准都是建立在COSO框架之上的。因此,在COSO框架的基础上构建我国中小企业的财务风险管理框架,是完善中小企业的内部控制、加强财务风险管理的必要途径。

一、COSO 企业风险管理框架的基本内容

COSO 于 2004 年 10 月正式推出了《企业风险管理框架》（以下简称 ERM 框架）。ERM 框架是对 1992 年 COSO 报告的扩展研究，它提出了企业内部控制框架与风险管理相结合的风险管理思路。COSO 是这样定义"ERM 框架"的——"企业风险管理是一个过程，它由一个主体的董事会、管理层和其他人员实施，应用于战略制定并贯穿于中小企业之中，旨在识别可能会影响主体的潜在事项，管理风险以使其在该主体的风险容量之内，并为主体目标的实现提供合理的保证。"COSO 的 ERM 框架扩展了其"内部控制框架"，它指出，企业风险管理包括目标、风险管理要素和管理层级这三个维度。目标由战略、经营、报告和合规这四个部分构成；风险管理要素由内部环境、目标设定、事项识别、风险评估、风险应对、控制活动、信息与沟通、监控等八个部分构成；管理层级由整个企业、职能部门、业务单位和分支机构四个部分构成。目标是企业努力实现的对象，风险管理要素是必备条件，各管理层级是企业风险管理的主体，企业的各个管理层级都要按照风险管理的八个要素为四个目标服务，COSO 内控框架和风险管理框架的比较如图 3-1 所示。

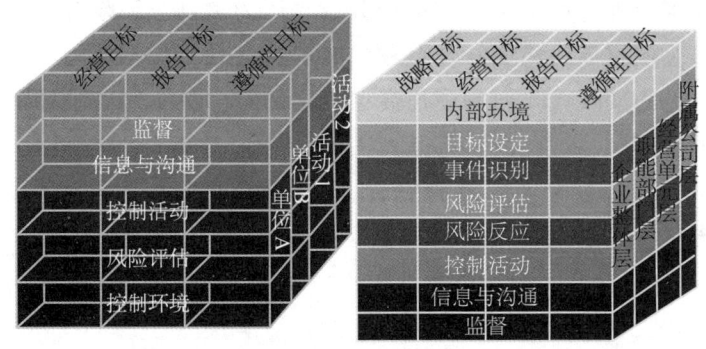

图 3-1　COSO 内控框架和风险管理框架的比较

从图 3-1 可以看出，ERM 框架涵盖了内部控制，是对内部控制框架的扩展和延伸，其具有以下特点：

①该框架扩展了内部控制框架，强调将企业风险管理融入企业文化之中，从而保持与战略目标的一致性。

②该框架强调风险管理应贯穿于企业活动的全过程，覆盖企业的治理、管理和操作等所有职能，而不是传统单纯的内部控制职能。

③引入了有关风险管理理论的最新研究成果，例如风险偏好、风险容

量、风险和机会的识别、风险组合、风险应对等。

　　企业风险管理整合框架在内部控制整合框架的基础上增加了一个新观念、一个战略目标、两个概念和三个要素。即风险组合观、战略目标、风险偏好、风险容限的概念以及目标设定、事项识别、风险应对要素。

　　①在内部控制整合框架的基础上，企业风险管理框架引入了风险组合观。对企业内部而言，其风险可能落在该单位的风险容限范围内。但从企业总体来看，总风险可能会超过企业总体的风险偏好范围。因此企业风险管理要求以风险组合观看待风险，对相关的风险进行识别并采取措施使企业所承担的风险在风险偏好的范围内。

　　②内部控制整合框架将企业的目标分成三类，即经营目标、报告目标、合规性目标。其中经营目标、合规性目标与风险管理框架相同，但报告目标有所不同。企业风险管理整合框架中，报告被大大地拓展为企业所编制的所有报告，包括对内、对外部报告，而且内容不仅包含更加广泛的财务信息，而且包含非财务信息。另外，企业风险管理整合框架增加一大目标，即战略目标，它处于比其他目标更高的层次。战略目标来自一个企业的使命或愿景，因而经营目标、报告目标和合规性目标必须与其相协调。

　　③企业风险管理构架引入风险偏好和风险容限两个概念。风险偏好是指企业在追求愿景的过程中所愿意承受的广泛意义的风险数量，它在战略制定和相关目标选择时起着风向标的所用。风险容限是指在企业目标实现过程中所能接受的偏离程度。在确定各目标的风险容限时，企业应考虑相关目标的重要性，并将其与企业风险偏好联系起来，将风险控制在风险可接受程度的最大范围内，以保证在更高的层次上实现企业目标。

　　④企业风险整合框架在内部控制整合框架的基础上新增了三个风险管理要素：目标设定、事项识别、风险应对，它们将企业的管理中心更多地移向风险管理。同时，在内部环境中，强调了董事会的风险管理理念。因此，企业风险管理整合框架拓展了COSO的风险评估范围。

　　⑤其他要素在风险管理整合框架中的扩展。在控制活动要素中，企业风险管理整合框架显示，在某些情况下，控制活动本身也起到风险应对的作用。在信息与沟通要素中，企业风险管理整合框架扩大了企业信息和沟通的构成内容，认为企业的信息应包括来自过去、现在和未来潜在事项的数据。在职能与责任描述中，企业风险管理整合框架要求企业设立新的部门，即风险管理部门，并描述了风险管理官的职能与责任，扩充了董事会的职能。

综上可知，ERM 框架具备明晰的文化理念、完善的架构体系、科学的流程控制以及有效的技术方法，它能够涵盖企业面临的各类风险，为企业实施全面风险管理提供了指导，所以它是对传统内部控制和风险管理理论的重要扩展。鉴此，建立基于 ERM 框架的我国中小企业财务风险管理体系有着重要的理论意义。

二、基于 COSO-ERM 的中小企业财务风险管理框架

财务风险管理是中小企业全面风险管理的重要模块之一，在此，本书尝试将财务风险管理纳入中小企业全面风险管理活动之中，构建基于 ERM 框架的中小企业财务风险管理框架（如图 3 - 2 所示）。

依据 COSO 全面风险管理框架构建的中小企业财务风险管理框架，其主要运行思路如下：

①按照经营主体的管理过程和财务状况，确定中小企业的财务风险偏好；然后在财务风险偏好的基础上，依据经营战略目标来制定中小企业的财务管理目标，并确定对应的财务风险容限，以保证各项工作的实施风险在中小企业财务风险偏好范围之内。

②识别中小企业财务管理全过程各阶段的风险因素，要从产生的影响和发生的可能性两方面进行风险分析，并据此实施财务风险评估；在财务管理风险偏好指导下，确定中小企业的财务风险应对策略，如风险规避、风险转移、风险接受、风险降低等。

③根据企业财务风险的应对策略，从人员、技术以及流程这三个角度为中小企业财务管理各个阶段设计相应的控制活动和控制政策，把中小企业财务风险控制在风险偏好之内。

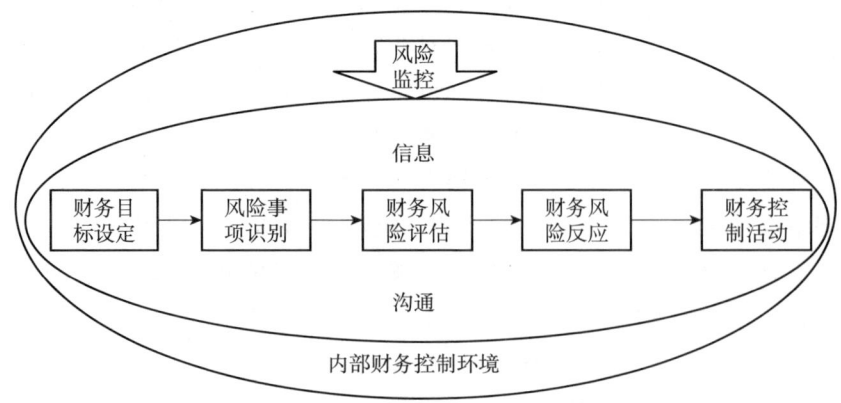

图 3 - 2 中小企业财务风险管理框架

④在上述基础上，对中小企业财务风险管理框架各阶段的信息沟通方案进行设计；有针对性地设计财务报告相关格式，建立财务风险监控体系和报告渠道，对中小企业财务风险管理各阶段和各环节的效果实施有效监控，进而找出存在的问题并提出具体的解决方案，以此提升中小企业财务风险管理水平。

三、基于COSO-ERM的中小企业财务风险管理框架的构成要素

基于ERM框架的中小企业财务风险管理框架由八个要素构成：内部财务控制环境、财务控制目标设定、财务风险事项识别、财务风险评估、财务风险反应、财务控制活动、财务信息与沟通、财务风险监控。具体解释如下：

1. 内部财务控制环境

作为中小企业实施财务控制活动的基础。内部财务控制环境对中小企业内部控制体系的构建及其实施效果有着直接的影响。作为内部财务控制环境的重要内容，董事会对环境要素有非常重大的影响。作为内部财务控制环境的一部分，中小企业管理者负责建立财务风险管理理念，确定财务风险偏好，营造良好的财务风险文化，并将相关的初步行动和财务风险管理结合起来。内部财务控制环境主要由企业财务文化、管理者的素质、财务治理结构、人力资源政策和外部影响这五部分组成。

（1）企业财务文化

中小企业财务文化涵盖的内容非常丰富，它是内部财务控制环境中一项重要内容。中小企业财务文化的控制要点可概括为：财务文化应重点在文字与行为上有效传达出诚信以及道德价值观，使企业行为方式与财务价值观保持一致，以此形成具有相对稳定性并能充分展示所有成员价值观的中小企业财务文化，并构建相关的识别和改进机制。

（2）管理者的素质

作为财务控制环境的重要因素之一，管理者素质的控制要点有二：一是管理者能力。管理者的素质及其结构必须要符合中小企业发展的需求；制订有完善的行为守则或行为规范，并能使之得到有效遵守；在同企业各利益关系者交往过程中，管理者的行为能体现其操守和价值观。二是管理风格。主要体现在管理者的财务风险意识和对风险管理的重视程度上，当管理层的财务风险意识比较强烈，能积极防范财务风险并提出完善的财务控制措施，那

么就能有效地控制财务风险；管理者对财务部门、财务报告可靠性以及资产安全性的重视程度越高，财务风险控制得就越好；管理层有披露重要财务信息的愿望与义务，只有及时准确披露信息，沟通渠道才能保持通畅。

(3) 财务治理机构

控制中小企业财务治理结构有以下三个要点：一是组织结构。有完善的董事会、股东大会、监事会及其附属的决策机构；有完善的独立董事制度，可客观、公正地发表对董事会讨论事项的看法；有完善的外部监事制度，可以有效监督董事会、高级管理层及其成员；有独立的审计委员会对有关事项的独立审计和监督。二是权责明确。公司管理者知识和经验符合要求，可以正常履行责任；股东、董事会、经理层以及其他利益相关者的权责边界清晰；董事会、监事会和高级管理层及其成员在内部控制中的责任明确。三是内部审计的作用。这一指标主要涵盖企业是否设立内部审计部门，判断审计委员的独立是否符合中小企业发展的要求。

(4) 人力资源政策

评价人力资源政策应着眼于以下几方面：员工胜任岗位工作的能力；员工招聘的渠道；有职工培训、培养计划和制度；有清晰明确的岗位说明书；员工留任和晋升的标准是否恰当，行为守则与人力资源政策之间的关系。

(5) 外部的影响

外部的影响也是内部财务环境的重要因素之一，可以通过关注有关机构实施的监督或提出的要求等信息对中小企业外部的影响进行评价。

2. 财务目标设定

为了有效识别企业财务目标的潜在影响事项，管理者必须设定相应的财务目标。在中小企业财务风险管理过程中，管理者必须确保设定的目标与其战略使命保持一致并与其财务风险容量互相适应，在此前提下按照一定的程序来设定企业的财务目标。中小企业财务目标应包括财务战略目标、经营目标、财务报告目标和合规目标。

①战略目标。战略目标与企业的使命和愿景相关联并支撑其使命，属于高层次的目标。

②经营目标。经营目标包括业绩目标、盈利目标和保护资源不受损失目标，与中小企业经营的有效性和效率密切相关。

③报告目标。报告目标包括内部报告目标与外部报告目标，可能涉及财务信息与非财务信息，它与报告的可靠性密切相关。

④合规目标。合规目标则主要是指符合相关的法律和法规。

3. 财务事项的识别

财务风险是指某个事项即将发生并将会给企业财务目标的实现产生负面影响的可能性。中小企业管理者为了应对不确定性，就必须对各种财务事项进行有效识别。可从以下三个方面来对事项识别能力进行评价：

①对事项的敏感程度。当实际情况与财务目标出现较大偏差时企业能否及时觉察，能否有效识别企业存在的不确定性因素。

②识别财务风险与机会的能力。当中小企业财务目标实现的影响因素（内部或外部事项）出现时，中小企业能否及时判断出该事项是风险抑或是机会。

③事项识别技术运用的恰当性。中小企业的事项识别方法应该关注过去、着眼将来，主要包含各种技术组合。

4. 财务风险评估

财务风险评估可以界定为中小企业管理者评价影响经营目标、财务报告目标以及财务目标实现的内、外部风险大小的过程。中小企业管理者可以从以下三个方面入手对财务风险实施评估：

①对企业财务风险发生的概率进行评估。

②对企业财务风险的影响程度进行判断。

③选择合适的财务风险评估方法。

5. 财务风险反应

在财务风险评估的基础上，企业管理者应确定具体的应对措施，来对财务风险实施控制，使其不超过企业的财务风险容量。财务风险反应具体细分为规避风险、接受风险、降低风险和分担风险四种类型。

①规避风险：规避风险是指企业主动退出会产生财务风险的活动。

②接受风险：接受风险是指企业不采取任何措施去干预财务风险发生的可能性或带来的影响。

③降低风险：降低风险是指企业采取有效的措施来降低财务风险的发生可能性或带来的影响，或者同时降低两者。

④分担风险：分担风险是指企业通过转嫁财务风险或与他人共担财务风险，以此降低财务风险发生的可能性或降低财务风险对中小企业的影响。

中小企业应针对每一项重大的财务风险来设定合适的财务风险反应方案，以使财务风险发生的可能性和影响都落在财务风险容忍度之内。在财务风险反应时期,中小企业应从以下几点着手:中小企业应对财务风险的相关措施、规定或政策是否齐全;中小企业对财务风险的反应是否敏感;在面临财务风险时,中小企业管理层作出的决策是否适当。

6. 财务风险控制活动

财务风险控制活动是指为了保证财务目标得以实现,而对已经识别的财务风险采取必要措施的对策和程序。管理层的指令通过这些对策和程序得到有效执行,并及时采取措施来防范企业的财务风险,从而使中小企业财务目标得以实现。财务风险控制活动的评价应包括以下四点:

①是否为每一作业流程都制订有适当且必要的规定和程序。

②是否恰当地实施了已确定的控制行为,规定的控制程序是否得到严格地遵守。

③是否对需进一步追查的信息或例外事件及时采取适当行动。

④是否通过实施一系列的信息处理控制来检查交易的准确性、完整性和授权。

7. 信息与沟通

为了使员工能很好地履行职责,中小企业应该及时识别、捕捉和交流外部与内部信息。信息传递取决于良好的沟通渠道与沟通方式,作为中小企业内部财务控制的重要保障,信息传递和反馈系统必须建立健全,从而使各项规章制度得以很好地贯彻实施。为此,可从信息系统、信息质量、信息沟通渠道和方式这三个角度来对信息与沟通进行评价:

①信息系统。中小企业的信息系统由管理信息系统和会计信息系统两部分构成,可从五个方面来对信息系统进行评价:可以识别并获取所需要的信息;信息传递方式完善且适当;按照既定的路径实施信息传递;有关人员充分了解相关信息;管理者愿意并积极提供一个沟通信息的场所,并能保证系统的持续改进。

②信息质量。可从五个方面来对信息质量进行评价:信息的真实性;信息的适当性;信息的及时性;信息的重要性;使用者能及时理解信息并快速进行反应。

③沟通的渠道和方式。为了企业管理层和员工都能及时地获取内外部的信息,中小企业必须建立清晰的沟通渠道和方式,例如,备忘录、公告板通知、政策手册、网络发布、电子邮件和录像带等。可从四个方面对沟通渠道和方式进行评价:所有人员必须明确自身所承担的管理责任、工作责任和控

制责任；沟通渠道是开放的，员工有很强的沟通意愿；中小企业各部门之间能完整和及时地进行信息传递，沟通没有障碍；有可以及时获取外部利益相关者意见与建议的畅通渠道，并能迅速做出恰当的反应。

8. 财务风险监控

财务风险监控可以界定为对财务风险管理要素的内容及其风险管理执行质量进行评估的一个过程。对财务风险监控进行评价的关键控制点有：

①明确的财务风险监控机构。明确的财务风险监控机构可以使得监督活动能正常进行。中小企业监控机构的控制要点包括：有明确的监控主体；管理者与被管理者之间有相互监督机制；监控者有明确的内部财务控制评价制度和相应的能力、经验。

②监控方式。中小企业可以通过持续性监控和个别评价这两种途径来监控财务风险管理。监控方式的关键控制要点包括：内部财务控制系统是否得以持续地运行；内部产生信息的准确性；是否核查中小企业的实物资产与会计记录；是否定期进行清查和盘点企业的固定资产和存货；内部稽核活动是否有效。

③记录财务风险管理的程度。不同规模和不同经营复杂性的中小企业，记录其财务风险管理的程度会有所不同，适当的记录能使财务风险监控的效果和效率得到保证。在向外部利益相关者提供自我评价报告之前，中小企业必须设计一套完善的财务风险管理记录模式，并妥善保存相关记录。

④财务报告缺陷。缺陷是指一个识别到的、潜在的或实际存在的缺点，或者是财务风险管理过程中一个改进机会。中小企业财务报告缺陷将会从监督方式、监督程序以及外部方面等多个来源暴露出来。可以从以下三个方面对报告缺陷实施控制：能否使报告缺陷及时得到发现；相关人员能否及时获知报告缺陷；政策和程序的缺陷能否得到必要修正。

第三节　财务风险管理与财务治理和财务战略的整合框架

中小企业的财务风险管理工作需要和企业管理的多个方面相结合，才能构建整合的中小企业财务风险管理系统。这不仅要考虑和财务控制体系的融合，还必须与中小企业财务治理、财务战略管理等系统相整合。中小企业财务风险管理整合系统如图 3-3 所示。

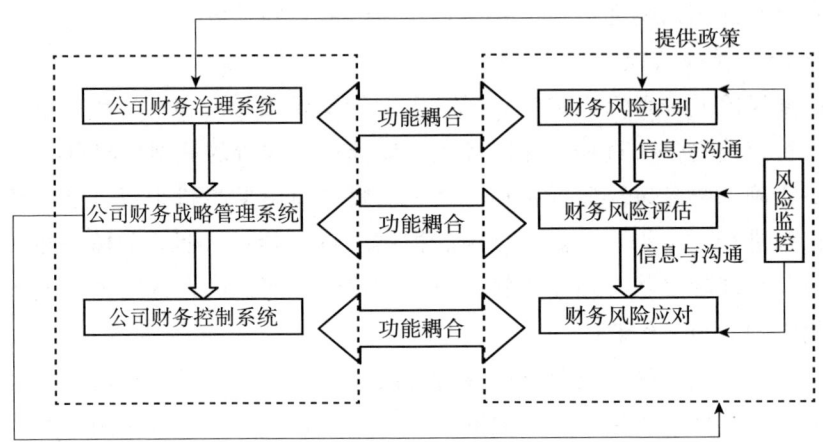

图 3-3 中小企业财务风险管理整合系统示意图

一、财务风险管理与公司财务治理的整合系统

作为现代企业的经营权与所有权两者分离的产物，公司财务治理是关于财务人员配置、财务收支管理、财务监督以及财务剩余索取等结构性问题的一种制度安排。公司财务治理旨在通过利益相关者的共同治理来合理配置企业的财权，建立一套行之有效的财务激励与约束机制，以此实现多层次的财务决策科学化。风险管理系统与公司治理系统整合的目标就是实现公司财务治理功能与财务风险管理功能两者间的耦合和良性互动。美国内部审计师协会（IIA）指出，企业财务风险管理旨在创造、保护和增强公司的股东价值，因此企业必须对影响其财务目标实现的各种不确定性进行严格管理；而为了维护公司各利益相关者的利益，董事会对公司财务管理层进行必要的指导、授权和监督，这一过程就是公司的财务治理。将财务风险管理的角色融入公司财务治理框架中，就形成了公司财务风险管理与财务治理的整合系统。公司高管和财务风险主管在这种扩展的财务治理框架中应直接负责财务风险管理，而董事会也应积极参与财务风险管理的全过程，对管理层进行财务指导、财务授权和财务监督等。

二、财务风险管理与财务战略管理的整合系统

为了增强企业的竞争优势，促使企业整体战略的顺利实现，保障企业资

金均衡有效流动，企业在分析资金流动的环境影响因素的基础上，对企业资金流动的过程实施长期性、全局性与创造性的谋划，并对其执行情况进行控制、评价和改进，这个过程就是企业的财务战略管理。财务战略关注的焦点是中小企业资金流动，这是财务战略不同于其他各种战略的质的规定性；中小企业财务战略应基于中小企业内外环境对资金流动的影响，这是财务战略环境分析的特征所在；中小企业财务战略的目标是确保企业资金均衡有效流动而最终实现企业总体战略；中小企业财务战略应具备战略的一般特征，即应注重全局性、长期性和创造性。财务风险管理功能与公司财务战略管理功能相耦合，主要体现在如图 3-4 所示的财务战略管理全过程中。

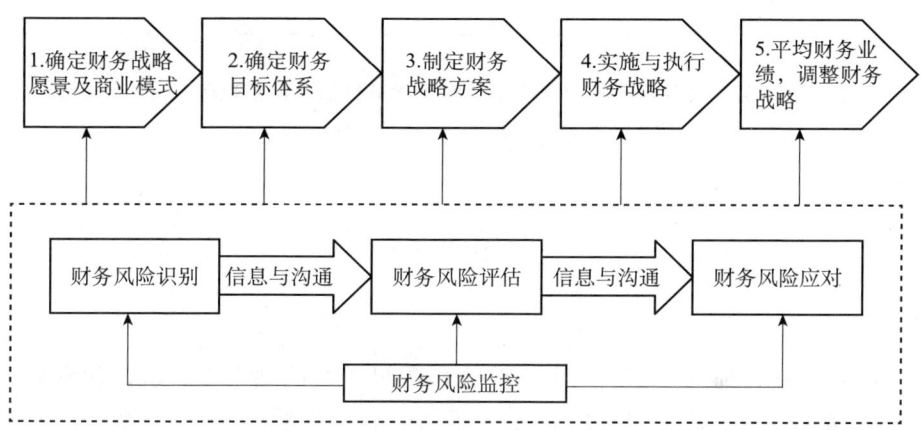

图 3-4　财务风险管理系统与财务战略系统整合示意图

将财务战略管理系统与财务风险管理系统相整合，有利于以较低的成本顺利实现中小企业的财务战略目标。公司财务治理确定中小企业财务风险管理的范围和边界，并为财务风险管理提供政策；而财务战略管理则为财务风险管理提供资源与支持。公司实施不同的财务战略会引起不同的财务风险，公司也应采取不同的措施进行应对。因此，不同的财务战略模式将会导致在不同的领域配置财务风险管理的资源；同时，财务风险管理系统也为中小企业实现财务目标提供合理保证。如图 3-5 所示。

总之，整合的财务风险管理框架应该是由公司财务治理层面确定财务风险管理的政策；由高管确定财务风险管理的偏好；由财务战略管理层确定财务风险管理流程、文件和模型；在应用和基础设施层面配备相应的自动控制装置，以促进事件的自动化处理和报告的自动生成，并使用分析工具对这些事件及其组合与公司政策的相关性进行分析，为决策者提供应对财务风险的信息。

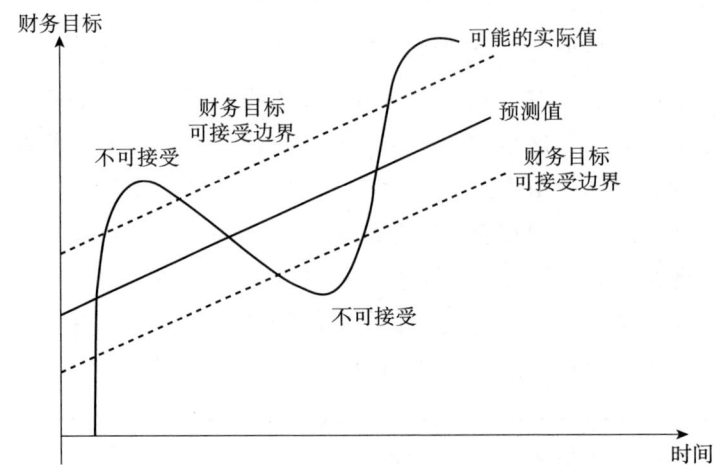

图 3-5 财务风险管理系统为中小企业实现财务目标提供合理保证分析示意图

本章小结

本章在剖析财务控制与财务风险管理逻辑关系的基础上,尝试将财务风险管理纳入中小企业全面风险管理活动之中,构建基于 ERM 框架的中小企业财务风险管理框架,并建立了财务风险管理与财务治理和财务战略的整合框架。本章分析将为后续的内容打下理论基础。

第四章

中小企业内部环境、目标设定及财务风险识别

第一节 中小企业内部财务控制环境分析

所谓财务控制环境,是对企业财务控制的建立和实施存在着重大影响的各类因素的统称。任何中小企业的财务控制都存在于一定的控制环境之中,因而财务控制环境的好坏直接决定着中小企业的其他方面控制能否实施或实施的效果,它既可增强也可削弱特定财务控制的有效性。

一、企业财务文化

企业财务文化是指在特定外部环境的影响下,企业全体员工共同塑造的财务行为规范和财务道德精神的总和。财务文化是一种以人为中心、以文化引导为手段、以激发企业财务人员自觉行为为最终目标的企业财务管理思想和文化现象。我国中小企业财务文化应由以下几个方面构成:

1. 财务价值观

价值观指实践主体有目的地选择和采取某种行为或活动去实现客体对主体的满足感,并判断该行为或活动的好坏、优劣,从而确定其价值的有无、正负和大小的整体看法和根本观点。按照这个定义,财务价值观可界定为引导财务人员有目的地去选择和采取某种会计行为或会计活动去实现会计客体

对财务人员的满足，并判断该种会计行为或会计活动的好坏和优劣，从而确定其财务价值有无、正负以及大小的一种整体看法和根本观点。在我国，保障企业健康稳定发展乃至维护国家经济秩序是中小企业财务组织及人员必须具备的财务价值观，财务人员则需要根据这个价值观来实现其人生价值。

2. 财务精神

财务精神是财务文化的伦理价值观层次，也称财务风气，即所谓的财务精神文化，它是一种被广大财务人员所认同的正向心理定势、价值取向和意识主导，表现为全体员工和财务人员在处理财务相关问题时的思想意识和道德观念。财务精神是经过较长时期培育而逐渐形成的，它与财务价值观共同构成了企业财务文化的核心。在优秀财务精神的激励下，中小企业的财务行为会更加客观公正、诚实守信，并具有强烈的社会责任感，进而会带动中小企业整体管理水平的不断提升。

3. 财务知识

财务知识是指作为会计人员拥有的专业知识。作为财务文化的基本要素之一，财务知识是财务学科得以存在和发展的知识基础，也是财务人员做好本职工作所必须具备的基本条件。如果缺乏财务知识，财务文化将变成一句空话。

4. 财务形象

财务形象是财务组织功能和财务人员素质的外化和直观感觉，也是外界给予企业财务人员及其行为和活动成果的整体评价与认定。一般来说，影响财务形象的主要因素包括财务人员的能力素质及其所处的财务环境。良好的财务环境能够改变财务人员只从其个人角度来考虑问题的狭隘思维定势，有利于增强其归属感、责任感、认同感以及团队意识，从而建立符合财务价值观体系的思维和行为模式。

二、管理者的素质

管理者素质是考察财务控制环境需要关注的重要因素之一，可从以下两方面来对管理者的素质进行评价：

1. 管理者能力

能力结构从根本上说就是管理者所具有的一般素质在企业管理中的具体表现。中小企业的管理者往往没有明确的职责和层级的划分，需要对企业各方面事务进行管理，对其能力的要求也更为严格。管理者一般应具有：

（1）战略决策能力

管理者的决策大多是非程序化的决策，而且关系中小企业和管理者本人的未来和命运，因而是评价管理者能力结构的主要标志，这也决定了管理者要具有非凡的胆识和高超的决策能力。

（2）组织能力

组织能力表现在生产经营结构的建立、各种物质资源要素的管理、人力资源的配置、员工的激励、组织单位的协调、内部关系的处理等方面，这些都是中小企业内部管理的关键因素。

（3）应变能力

中小企业要在复杂的环境中生存、运作和发展，要求管理者必须具备快速反应的能力，能根据外部环境和内部条件的变化，及时调整企业的战略目标、发展方向、工作计划和相关决策。

（4）创新能力

中小企业机制灵活，创新能力作为其自身的优势，能使其更加快速地适应市场需求，有更广阔的发展空间。管理者的创新能力包括观念创新能力、技术创新能力、组织创新能力、制度创新能力、管理创新能力、产品创新能力、市场创新能力等多方面的内容。

（5）学习能力

中小企业的发展需要进行不断创新和调整来适应多变的市场。管理者的学习能力在很大程度上代表了中小企业发展的后劲。中小企业管理者需要具备这种能力。

（6）优秀的思想品德

品行不端则行为不轨。在中小企业管理者良好的心理模式中，优秀的品行的确不可缺少。现在的社会是一个讲究诚信的社会，在经济交往中，诚实守信是中小企业发展的基础。优秀的管理者应具有十项素质，即使命感、责任感、信赖感、积极性、进取性、诚实、忍耐、公正、热情、勇敢。除此之外，宽容的精神和公德意识也是一个优秀管理者应当具备的。

2. 经营管理的观念、方式和风格

在中小企业财务控制环境的形成过程中，管理层起着至关重要的作用。如果企业管理层不愿意设立适当的控制机制或不能遵守已建立的控制机制，那么，就会对控制环境产生很不利的影响。下面三个方面的经营管理理念、方式和风格，可能会极大地影响控制环境：

①管理层对待财务风险的态度以及控制财务风险的方法。

②为实现财务预算、利润以及其他财务目标,中小企业对财务风险管理的重视程度。

③管理层对待会计报表的态度以及所采取的相关行动。

若不考虑其他控制环境因素,如果管理层受某一个人或几个人的支配,那么,以上这几个方面的影响程度可能会增大。比如,如果管理层很想夸大会计报表中的盈余总额,则审查人员很可能会将绝大多数已认定的控制风险确定为最大值。

三、财务治理机构

现代中小企业在公司财务治理结构的设计上非常注重股东会、董事会、监事等各层权力之间既各司其职又相互制衡和牵制的关系,以解决所有者与经营者之间的外部委托—代理问题。同时,在中小企业内部各阶层员工之间也同样存在着委托—代理问题,比如公司的高层和中层、中层和基层之间也是通过各种契约形成一种委托—代理关系的。为了完成自己的战略目标,中小企业内部往往会通过层层授权、分权来分解目标,而同时由契约形成内部权力的制度安排,这使得中小企业内部产生了如何控制各层级权力的使用及权力应如何流动等问题。而一个有效的中小企业治理结构就是要根据其内部财务控制目标来设置合理的组织结构,明确相互分离和约束的岗位职责,使内部员工各司其职,互相制衡监督,共同构成内部财务控制的权力基础。通过这种权力制度的安排,真正解决内部财务控制由谁来推动和在哪个层面来推动的问题。同时,通过建立内部审计等自我约束机制,以协助管理层监督其他控制政策和程序运行的有效性,促成良好的中小企业内部财务控制环境的建立。具体来讲,可从以下几个方面对公司财务治理结构进行分析:

1. 组织结构

组织结构是公司内部计划、协调和控制经营活动的整体框架,具体指通过组织内部成员的责、权、利关系设置,从分工与协作的角度来规定公司内部各成员间的业务关系,包括高层组织结构(股东会、董事会等)和执行层组织结构(中层、基层组织结构),合理的组织结构设置有助于建立良好的内部控制环境。一个公司的组织结构包括:

①明确组织的性质及形式,确认与组织相关的管理职能以及报告关系。

②设计组织内部各单位责任权限的划分方法。企业管理层可通过构建明

确的授权以及责任分配方法来增强组织内部的财务控制意识。例如，针对各单位的利益冲突和矛盾，以书面形式提出相应的规定、规范和政策，并将特定的责任、报告关系和有关限制等要求在工作说明书里详细描述出来。

一个公司的组织结构或组织架构应该具有相对稳定性，以准确地反映组织内部的授权方式和报告关系。

2. 管理控制方法

管理控制方法包括两种：一种是企业管理层对授权他人的使用情况进行直接控制的方法，另一种是企业管理层对公司全部活动实施监督的方法。这些方法包括：

①编制经营预算和经营计划、对利润进行预测。

②将实际业绩与计划目标进行比较，并将结果传递给相关财务管理人员。

③对偏离期望值的原因进行调查分析，并有针对性地采取纠正措施。

④对手工会计系统进行修改完善的控制政策。

以上方法针对不同规模和复杂程度的中小企业，其重要性也各不相同。一般来说，企业规模越大经营越复杂，这些方法就越重要。正式的管理控制方法对一个大公司而言是不可缺少的；而对于一个很小且由业主直接管理的组织来说，则通常并不需要很清楚地定义控制方法。

3. 内部审计

内部审计是中小企业进行自我独立评价的一种活动，企业管理层可以通过它来对企业其他控制政策与程序的有效性进行监督，以此来建立良好的控制环境，同时还能为如何改进内部控制机制提供建设性意见。内部审计的有效性与其权限、人员资历及可使用的资源紧密相关。内部审计人员必须独立于被审计的部门单位，并须直接向董事会或审计委员会报告。

四、人力资源政策

人力资源作为中小企业的一种重要资源已经越来越为人们所重视，人力资源配置水平已成为衡量中小企业核心竞争力的重要标准之一。当中小企业在竞相追逐人才的时候，人力资源的多样性也对其内部控制能力提出了挑战。它一方面能提高中小企业内部的和谐度和战斗力，另一方面也有可能使其企业内部变得动荡而充满风险。对于由人参与、受人为影响很大的一种管理活动的中小企业内部财务控制活动来说，人既是其活动的主体，也是其客体。因而，人力资源环境自然成为中小企业内部财务控制工作一个很重要的方面。人力资源政策主要体现在以下几个方面：

1. 雇员影响

雇员影响体现在经营目标、工资待遇、工作条件、职务晋升、雇员保障和任务自身等各项决策过程中，主要表现为：雇员在多大程度上进行参与并承担了何种责任；雇员通过什么机制来进行参与；如何体现雇员在决策中的影响。

2. 人力资源流动

人力资源专家或相关管理人员与总经理和直线部门经理密切合作沟通，以保证公司的人员流动是恰当合理的，在保证人力资源的良好结构和质量的同时保持其活力。

3. 激励体系

激励决策应该同时与公司经营战略、管理哲学、雇员需求结构和人力资源政策相吻合，并应吸收各层员工积极参与。

4. 工作体系

在公司的各个层级上，管理人员都必须面对人事信息、人力安排、人事行为和人事技术上的各类事项，公司内部应使各直线部门、总经理、人力资源管理部门密切合作，以形成高效率的人力资源管理工作体系。

五、外部的影响

如果中小企业领导层能够清晰地认识到所处的外部环境，将有助于提高内部财务控制效率和外部的竞争地位。外部环境主要包含以下方面：

1. 经济环境

对中小企业内部控制工作有影响的经济环境主要有以下几点：

（1）经济体制

经济体制间接地决定了内部控制的内容，中小企业应根据不同的经济体制采取有差异的组织形式和管理机制。

（2）现代中小企业制度

产权明晰、所有权与经营权二者分离以及互为委托—代理关系是现代中小企业制度的几大特征。借助财务控制制度，委托人能够掌握经营者履行职责的情况及其工作业绩；而经营者则须向委托人报告其自身职责的履行情况，以获取应得的回报。

(3) 市场环境

市场在外部环境中占重要定位，中小企业既要分析产出需求市场和资源投入供给市场，还要分析其所处的市场竞争环境。市场竞争程度对中小企业的效益有着重要影响，竞争将促使内部控制向效益改善的方向转变，竞争越激烈，则中小企业提高效率的努力程度就越高。

(4) 对外开放

对外开放能够推动各种生产要素在各区域之间自由流动，从而得以优化资源配置并提高效率。高度的经济开放能够激发中小企业持续改进其自身管理体制的动力，进而推动其财务控制机制的建立和完善。

2. 法律法规及规范

内部控制是为中小企业取得经营效果、遵循适当法规并保证财务报告可靠性等提供合理保证的活动过程。因此，内部控制法律环境包括一切对中小企业经济行为有约束力的法律法规及各种规范条款，它对内部控制有着重要的推动或阻碍作用。一方面，只有内部控制的目标、内容、实施过程、工具方法及效果评价都是合法的，才能保证整个控制系统的合法性，进而保障中小企业经济行为的合法合规性。另一方面，内部控制流程的实施效果也受到相关法规的影响，只有通过建立健全相关法规，内部控制本身才会更加严谨，更具有权威性，从而更有效地发挥其作用。此外，在内部控制的发展过程中，也会持续推动相关法律法规及规范条款的改进，二者呈现相辅相成和互相制约的关系。

3. 政府管制

政府管制的概念目前尚未形成共识，但有以下几个共同的法律特点：

①政府管制的主体是依据法律或其他形式享有管制权和强制力的政府行政机关。

②政府管制的对象是进入依法需要管制的各个领域而被管制的经济主体，尤其是中小企业。

③相关的法律法规是政府管制的主要依据，包括各项行政规章制度。这些管制法规一般会对管制的主体、方式、范围和手段进行限定。

④政府在行使管制权力的过程中拥有较大的自由裁量权。由于现实经济活动的复杂性和市场情况瞬息万变，法律法规无法针对整个市场进行全盘规范，所以政府常常授权给它的相关职能部门行使具体的管制权力。

⑤政府管制分为以下两种方式：一种方式是通过鼓励、优惠、保护、促

进等政策进行的积极管制；另一种方式是限制性和禁止性的消极管制。

就内部控制而言，为了履行管制职能，政府在颁布相关法规政策来对其进行规范指导的同时，又会监督中小企业对这些法规政策的执行情况。一般而言，政府通过制定企业的内部控制制度来对企业内部控制进行管制。

4. 科技进步

科技进步对中小企业内部控制的各方面都有深远的影响，由此可推动相关领域的一系列变革。

①科技进步对内部控制工作提出了新的要求。如何适应科技进步带来的控制业务的变化，就成了中小企业管理部门必须重点考虑的问题。

②科技进步对控制手段的影响。科技的进步带来了控制系统的信息化，进而推动了中小企业内部控制工作各项职能的不断完善。

③科技进步对内部控制制度的影响。为了充分发挥企业内部控制机制的信息披露、行为监督及管理控制功能，中小企业的内部控制制度建设必须紧跟科技的发展，并通过其自身不断地完善，将科技进步所引发的新业务和新流程全部纳入内部控制体系之中。

第二节　中小企业财务目标设定

先有了目标，管理者才能去识别影响目标实现的潜在事项。中小企业的风险管理便是确保管理者能够采取恰当的程序设定目标，并保证其所选定的目标在与企业的风险容量相适应的同时还能与企业的使命相衔接并能支持其实现。新COSO报告指出中小企业的财务目标可分解为以下四个方面：战略目标、经营目标、报告目标、合规目标。其中战略目标是高层次的目标，它与企业使命、愿景相关联并支撑其实现；经营目标与企业经营的有效性和效率有关，包括经营业绩和盈利目标以及保护企业资源不受损失；报告目标包括内部和外部报告目标，可能涉及财务和非财务信息，与企业报告的可靠性有关；合规目标与符合相关法律和法规有关。

一、中小企业财务目标设定的方法

财务目标是中小企业各项财务活动的指针，而其设定则是事项识别、财务风险评估和应对财务风险的前提，在设定目标时须考虑以下几个因素：

1. 财务目标设定的层次性

中小企业组织存在着不同的层级，每一层级都有其自身的目标，且低层级的目标必然要服务于高层级的目标。新 COSO 报告中强调，要站在战略目标的高度，从中小企业整体角度来考虑各个层级的目标，对目标的评价则首先要侧重于其先进性、合理性、可衡量性和实现的关键因素，并要考虑各层级目标是否协调一致。

2. 财务资源分配的适当性

中小企业不同层级目标的实现需要相应的资源分配，而中小企业财务资源的有限性要求对资源分配的适当性进行一定的分析，并通过合理的资源分配以追求效益最大化。

3. 财务目标传达的有效程度

在各层级的目标设定后都应该及时传达，再先进合理的财务目标，若不能及时传达到每一位执行者则是没有用的。我们强调中小企业目标设定的全员参与，这也要求评价时考察是否每一位员工都清楚其自己的目标是什么以及需要做些什么工作来实现其目标。

4. 管理层参与财务目标设定的程度

中小企业风险管理的有效性并不是指管理层应该选择什么目标，而是指管理层应当出台相关政策和程序来确保其所选择的战略目标与企业使命相协调，并与企业的风险容量相一致。

二、中小企业财务风险控制的总体目标

1. 确保国家法律法规和中小企业内部规章制度的贯彻执行

为加强宏观经济控制，国家颁布了总体经济方针政策和财经法规制度。相应地，为实现经营目标和加强微观经济控制，中小企业也应该制订内部经营方针和管理制度。按控制论的原则，均是为了实现科学的经济管理，借以约束和规范人们的经济行为而采取的预防性控制。因而内部控制本身既是预防控制机制的一个组成部分，又是对其他预防性控制是否实现的进一步控制。因此，健全的内部财务控制制度应该能够对中小企业内部各职能部门、岗位、人员及各业务环节进行有效监督和控制，对各经济活动的合规性、合法性进行严格审核和控制，及时发现问题并针对问题采取有效的措施予以纠正，从而确保国家法律及中小企业内部规章制度的贯彻和实施。

2. 保证中小企业战略经营管理目标的实现

战略是为实现中小企业的管理目标而确定的，而这些目标正是确定控制标准的原始依据，因而战略与控制是密不可分的。从战略管理的角度来看，战略规划的过程实际上就是战略控制的过程：制定战略即确定控制的目标，战略的实施则要通过制定预算目标来实现，战略的评价就是将已实现的业绩与战略目标进行比较，而反馈则是根据业绩与目标之间比较的差距来采取纠正措施。内部财务控制作为财务管理体系的重要环节，其目标也应与财务管理的最终目标相一致，只有建立有效合理的内部财务控制系统，才能保证各项业务活动有序地开展，进而实现中小企业战略经营管理的目标。

3. 保护中小企业财产的安全完整

内部控制体系不健全，尤其是内部财务控制体系不健全，会引发中小企业内部的各种隐患和漏洞，从而使企业财产遭受损失。例如，将中小企业核算货币资金的会计岗位和管理货币资金的出纳岗位交由同一个人承担，则货币资金业务的控制将会出现严重的漏洞，致使企业的货币资金处于极易被贪污、挪用等严重的风险中。因而，完善中小企业内部财务控制体系有利于消除企业隐患、堵住漏洞、预防并及时发现和纠正舞弊行为，在尽可能地预防和抵御未来资产风险的基础上实施控制，最终达到保护中小企业财产安全完整的目的。

4. 确保财务信息的真实可靠

中小企业的财务状况、现金流量和经营成果等情况是通过财务信息反映出来的，而这些信息是投资者、债权人和其他信息使用者进行决策的主要依据。会计信息的失真，不仅会严重损害投资者及债权人的利益，影响管理者决策的正确性，还会影响国家对宏观经济的判断和指导。因此，健全的中小企业内部财务控制体系应该要保证企业所有交易和事项以正确的金额在恰当的会计期间记录于恰当的会计账户，使财务会计报表的编制能够反映企业真实的状况，并符合会计准则和制度的相关要求。

5. 确保中小企业能及时发现和控制财务风险

中小企业的风险包括经营风险、财务风险等许多方面。面对多变的市场环境和激烈的市场竞争，中小企业应在融资及投资、生产与流通及其他货币资金环节采取必要的措施来增强企业的竞争能力和防范及抵御风险的能力，使企业能及时地预防、发现并控制风险。

第三节 中小企业财务风险的识别

财务活动贯穿于中小企业生产经营的整个过程中,在筹措资金、长短期投资、分配利润等各个环节都有可能产生风险。本书以资本运动的过程为标志,将中小企业的财务风险划分为筹资风险、投资风险、资金回收风险以及收益分配风险四个方面,相应地可从四个角度对财务风险进行识别,如图4-1所示。

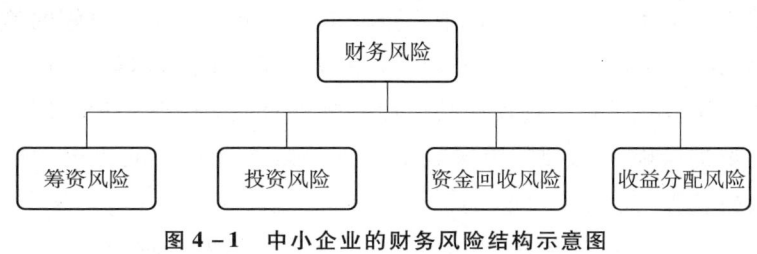

图4-1 中小企业的财务风险结构示意图

一、中小企业筹资风险的识别

中小企业筹资是指中小企业作为筹资主体根据其生产经营、资本结构调整及对外投资的需要,通过金融市场和其他筹资渠道,运用各种筹资方式,经济有效地筹措和集中资本的活动。中小企业在创建时就必须筹集到其所必需的初始资本,并在国家有关部门进行注册登记后,才能开展正常的生产经营活动。初始资金用于厂房、设备和工具的购置或租赁以及员工工资和各项费用的支付等。随着中小企业的发展壮大,新产品及技术的开发,初始资金往往是不够的,因而需要越来越多的资金作为支持,这些资金则通常都是通过筹资得来的。

1. 中小企业筹资风险的影响因素分析

(1) 中小企业筹资的内部影响因素

①中小企业的组织形式。在我国,筹资方式对筹资主体的类型有严格的要求,所以中小企业的组织形式会制约其筹资方式的选择范围。我国《公司法》规定,只有国有公司以及股份有限公司才能通过发行债券来筹资,而其他形式的公司或经济实体不能采取发行债券的方式来筹资。因此,中小企业

中的股份制公司可发行公司债券和股票来进行融资，而有限责任公司则无发行股票或债券筹资的资格。

②中小企业的规模及业绩。我国《公司法》中对企业债券和股票发行的条件除了主体资格外，还有规模及业绩方面的规定，如要求发行股票的股份公司注册资本最低限额为1000万元，且最近连续三年盈利（除2019年新推出的科创板公司之外）；对发行债券的公司则要求其净资产不少于人民币6000万元，且最近连续三年的平均可分配利润足以支付公司一年的债券利息，等等。因而对于中小企业来说，通过发行债券和股票来筹资的难度是可想而知。

③中小企业的信誉。一般来说，若经济实力较强、内部管理完善，且在长期经济活动中声誉较好，则该中小企业就会在社会上享有较好的信誉，筹资也会容易，信誉较好的中小企业可以用信用贷款来进行筹资。反之，信誉较差的中小企业在进行大规模或长期性的融资时就会受到各种限制，如采用贷款时需要进行财产抵押、担保或受到其他限制性条款的约束，其成本较高，耗时较长。

④中小企业的资产结构。资产结构是指企业内部各种资产所占的比重，债权人可以用很多指标来反映中小企业的偿债能力，如无形资产与有形资产的比例，流动资产占总资产的比重，等等。这些指标通常是债权人在中小企业进行负债融资时要重点考虑的。

⑤中小企业的偿债能力与盈利能力。如果中小企业盈利能力强，那么中小企业就有很强的筹资能力。为了比较企业筹资的效果，下面采用息税前利润与总资产之间的比值来反映中小企业的盈利能力。而中小企业的偿债能力，则是决定中小企业能否选择负债融资方式进行筹资的关键。利息保障倍数是反映中小企业利息支付能力最重要的指标，可用如下公式进行表示：

$$利息保障倍数 = \frac{净利润 + 所得税 + 利息}{利息}$$

一般而言，利息保障倍数越高意味着中小企业的盈利中用来支付利息所占比重就越小，表明该企业具有很强的偿债能力。

⑥中小企业的资本结构。它指中小企业负债资本与权益资本之间的比例，它会影响中小企业的平均资金成本和财务风险，进而影响其筹资决策。每个中小企业都应确定合适的目标资本结构，当目标资本结构发生变动时就应进行筹资方式的调整。当中小企业负债率较高又急需筹资时，就可采用可

转换债券或发行股票的方式来实现资本结构的调整。

（2）中小企业筹资的外部影响因素

①经济环境。主要包括国家的经济发展速度、经济周期、经济政策、社会资金的总供求情况及通货膨胀情况等。

第一，经济发展速度与经济周期。通常而言，越快的经济发展速度往往意味着各行各业对资金的需求量就越大，就会造成资金的相对短缺，进而造成中小企业筹资困难。所处经济周期的不同阶段也会影响中小企业的筹资，在经济复苏和繁荣阶段，国家往往会放宽经济政策并降低利息，中小企业筹资就变得比较容易；在经济的衰退和萧条阶段，社会经济信用不断恶化，国家往往对经济进行宏观调控，这就给中小企业筹资活动（尤其是长期筹资）带来较大的困难。

第二，社会资金的供求情况。资金市场也存在供求平衡的问题，当资金市场供大于求时需方市场就会出现，此时筹资者则处于优势地位；否则，筹资者则将处于劣势地位。

第三，国家的经济政策。国家通过税收、利率等经济杠杆来调节社会经济发展状况的一系列手段和措施就是国家的经济政策。央行调高利率时中小企业筹资难度就会增加，反之中小企业筹资就会变得容易；税收制度也对中小企业筹资有重大影响，中小企业可以尽量利用税收政策来妥善安排资金的使用。

②法律环境。与中小企业融资密切相关的法律法规较多，如证券交易法、中小企业法、公司法等。这些法律条款对不同类型中小企业的筹资门槛、筹资方式、筹资渠道、筹集资金的使用以及违规的法律后果等都有明确规定，为中小企业的筹资活动营造了良好的法律环境。因此，中小企业应该在法律允许的范围内选择适当的筹资方式和渠道，否则就会受到法律的惩罚。

③金融环境。作为中小企业筹资环境的重要因素之一，金融市场是进行证券交易和资金借贷的具体场所，它将资金供方和资金需方汇集在一起，并为融资双方给出不同的选择机会与金融工具，使其可以灵活地调配资金。中小企业可利用金融市场提供的多种筹资渠道和机会，依据自身的筹资目的、时间与金额，选择合适的筹资渠道和方式来获取所需资金。

2. 中小企业筹资风险的形成机理

在市场经济条件下，面对瞬息万变的行情和日益激烈的竞争，中小企业发生决策失误和管理措施失当的可能性较大，使得资金的使用效益存在一定不确定性，进而产生筹资风险。中小企业筹资风险形成机理如图4-2所示。

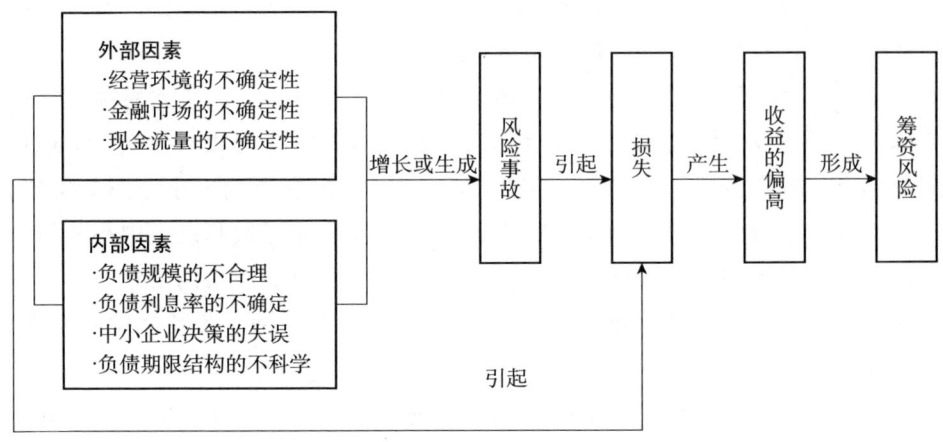

图4-2 中小企业筹资风险形成的机理示意图

（1）中小企业筹资风险的外生机理

中小企业筹资风险的外因指除其本身举债之外的各种因素影响之和，主要有以下三点：

①经营风险引发的不确定性。作为生产经营活动与生俱来的风险，与筹资风险不同，经营风险直接体现为中小企业息税前利润的不确定性，它对筹资风险带来较大的影响。当中小企业完全选择股本筹资时，经营风险就完全由股东分摊，表现为中小企业的总风险；而当中小企业选择股本筹资与负债筹资并用时，出于财务杠杆给股东收益带来的扩张性作用，股东收益将会出现更大的波动性，股东将承担大于企业经营风险的风险，这两者之间的差额就是筹资风险。当中小企业出现经营不善而致使其营业利润尚不够支付负债利息费用时，则除股东收益会落空外，企业还不得不用股本来支付利息，严重时中小企业会完全丧失偿债能力而破产。

②资产流动性和预期现金流入量的不确定性。中小企业一般以现金来偿还负债的本息，因而即使中小企业盈利状况良好，其能否按合同和契约的规定如期偿还本息，还得取决于其资产的整体流动性以及预期现金流入量的及时性。资产流动性体现了企业的潜在偿债能力，而现金流入量则体现了企业的当前偿债能力。如果中小企业投资决策出现失误，其预期的现金流入量不能及时用以支付到期的负债本息，中小企业就会面临巨大的财务危机，就必须将其资产进行变现来避免破产。此时，若中小企业有较强的资产流动性，

其财务风险就相对较小，否则，其财务风险就较大。实际上，很多中小企业破产就是因为资产流动性太弱，无法及时变现来偿还债务，而不是因为其没有资产。

③金融市场的不确定性。当中小企业以短期贷款为主来进行融资时，如遇到银根抽紧和金融紧缩，那么负债利率就会大幅上升，进而导致利息费用的上升和利润的下降。严重时，中小企业可能会因无力支付高涨的利息费用而被迫宣告破产。另外，金融市场利率和汇率的波动也会成为中小企业筹资风险的诱发因素。

（2）中小企业筹资风险的内生机理

①不合理的负债规模。中小企业负债总额的大小就是负债规模，也可定义为负债金额占资金总额的比重。越大的负债规模往往意味着越高的利息费用支出，而因收益下降而致使中小企业偿付能力下降或丧失的可能性也会随之增大。此外，负债比率越高，那么中小企业的财务杠杆系数也就越大。

$$财务杠杆系数 = \frac{息税前利润}{息税前利润 - 利息}$$

从上述中小企业的财务杠杆系数公式中可知：负债增加，则到期偿还的利息也增加，即息税前利润减去利息的金额变小，因而财务杠杆系数也就越大，进而影响股东收益的程度也越大。由于中小企业本身的自有资金较少，特别是在生产规模扩大时，往往会将全部自有资金投入到生产中，且很难在短期内有资金流入，因而中小企业在进行负债筹资的时候，若负债规模较大，则财务风险也大。

②不稳定的负债利息率。利率水平的高低直接决定着中小企业资金成本的大小，因而中小企业在筹措资金时，可能会面临利率变动带来的风险。而利率的高低、变动幅度的大小和国家的政策有着直接而紧密的联系。当国家在实行扩张的财政政策和宽松的货币政策这种"双松"政策时，货币的供给量增加，贷款的利息率降低，中小企业的资金筹集成本也较低，其筹资风险也会降低。相反，当实行"双紧"政策，即紧缩的财政政策和货币政策时，货币的供给量萎缩，贷款利息率提高，其筹集资金的成本增加，因而要承担较大的筹资风险。

③错误的决策。中小企业用负债性筹资进行投资时，如果投资过程缺乏科学性，决策失误，导致投资项目失败，或无法获得预期的投资利润率，则可能使企业陷入财务风险之中。若中小企业的投资利润率高于其借入资金利

息率时，它可以使用一部分借入资金，来利用财务杠杆提高其自有资金利润率；但如果中小企业利润率低于其借入资金利息率时，财务杠杆就会产生反作用，降低其自有资金利润率，甚至使企业发生亏损；此时如果中小企业无法尽快地收回资金来进行负债本息的偿还，将会使其承受巨大的财务危机。此外，中小企业日常经营管理决策的失误会导致其长期亏损，从而使其无法按期还本付息，还可能使其信誉受损，难以有效地再去进行资金筹集，甚至会因资不抵债而破产。

④不合理的负债期限结构。负债的期限结构是指中小企业所使用的短期负债和长期负债的相对比重。短期负债和长期负债各自有其特点，一般来说，短期负债利率较低但波动较大，长期负债利率较高但比较稳定，因此二者会相应产生不同的风险。短期负债的风险主要表现在：短期负债偿还期限短，要求中小企业在较短的时间内拿出足够的资金来偿还债务，若中小企业届时资金安排不当，就有可能陷入财务危机；长期负债筹资成本一般较高，并且为了保证债务人能够及时足额地偿还债务本金和支付利息，对债务人有较多限制和约束条件的设定，这就构成了长期负债的风险。因而，若负债期限结构的安排不合理，则会影响中小企业的资金周转和正常生产经营活动的开展。

二、中小企业投资风险的识别

所谓投资风险，是指中小企业在进行短期或长期投资的过程中，由于对未来状况的不了解或不完全了解，或由于其自身生产经营等方面的问题，致使其投入的资产或资金不能产生预期的投资效益，从而导致企业的盈利、偿债能力下降，甚至会出现亏损的可能性。由于中小企业发展战略、人才配备等因素的制约，其投资对非生产经营规模扩张的需求较少，而更多地表现为企业生产经营规模的扩张，且较多见于固定资产的投资，如厂房建设、车辆配备、设备购置等。故此部分仅分析中小企业对生产经营规模扩张的财务风险及其风险控制对策。

1. 中小企业投资风险因素分析

（1）投资风险因素分析

投资风险是由于投资风险因素的客观存在而导致中小企业投资失败、给其带来损失的可能性（不确定性），主要包括以下方面：

①政策风险。这是指由于国家宏观经济政策的变化而给中小企业投资造

成损失的可能性。

②市场风险。这是指因市场供求关系及其他一些因素变化而给中小企业投资造成损失的可能性。

③技术风险。这是指由于某种生产技术及某种技术内容因时间的推移而变得相对落后，从而导致中小企业的投资项目难以达到其预期收益的可能性。

④人员素质风险。这是指由于中小企业的投资决策者及在投资实施过程中相关管理和运作人员的自身素质因素而导致投资失败的可能性。

(2) 投资过程中的风险分析

从投资过程中风险的来源看，投资的风险既有来自中小企业外部的因素，如政策风险、市场风险、技术风险等；也有来自于其内部的因素，如人员素质风险等。一项投资损失的发生，可能是外部因素或内部因素独立起作用，也可能是外部因素或内部因素共同作用引起的。为了研究投资风险的控制对策，本书将中小企业投资过程中的风险分为以下几方面进行分析：

①中小企业投资决策风险。从理论上讲，中小企业应当根据其自身的战略重点、发展方向、中长期投资计划和投资环境的变化，及时把握和利用投资机会，并准确定位投资领域和投资对象。然而，许多中小企业实际上往往会由于种种原因选错投资领域和对象，从而在一开始就决定了其投资失败的必然性。

②中小企业投资方案风险。这是指由于投资方案编制的不及时、不科学或虽有及时科学的投资方案却执行不力而使投资失败的可能性。它包含投资方案可行性分析风险、投资方案选择风险和投资方案执行风险。由于可行性分析失误而导致投资方案失败的可能性即为该投资方案的可行性分析风险。投资方案可行性分析主要包括投资方案的经济可行性分析、技术可行性分析及财务可行性分析，其中财务可行性分析是最重要的；从理论上讲，在决定进行一项投资时，中小企业应该准备两种以上的方案供其选择，投资方案的选择风险就是由于中小企业选择了非最优方案或只有一个方案可供选择而使投资失败的可能性；投资方案的执行风险则是指在投资方案实施中，由于管理松懈、凌乱而使投资失败的可能性。

2. 中小企业投资风险的形成机理

通常而言，造成中小企业整体上投资效率不高的关键因素是中小企业自身的特点及其财务管理上的缺陷，包括组织结构的相对简单、经营方式的单

一、规模太小的局限及资金来源有限等。中小企业投资风险的形成机理如图4-3所示。

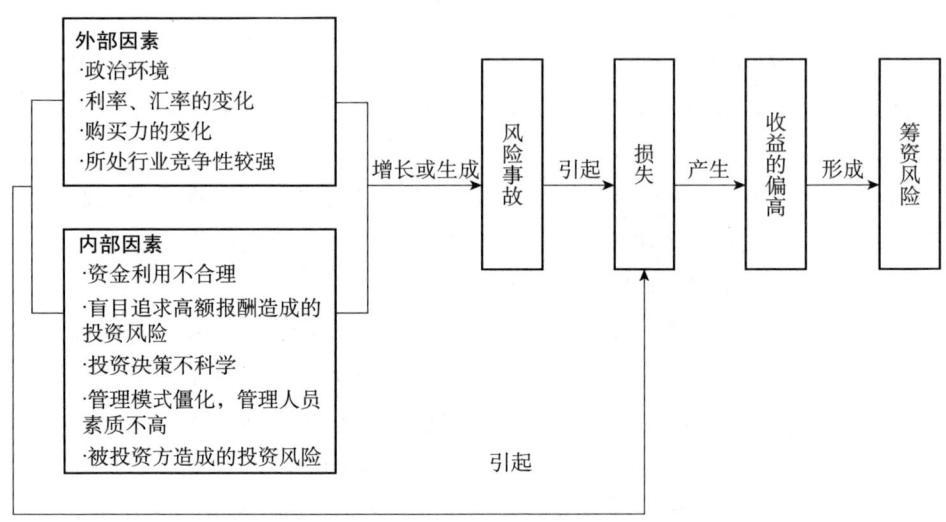

图4-3 中小企业投资风险的形成机理示意图

(1) 中小企业投资风险形成的外部因素

①政治环境。这是指影响中小企业投资收益的国内外政治活动的总称，主要体现在社会或国家政治局势的稳定性及政策的延续性等方面。政治局势的变化必然会引起经济上的变化，会改变投资者对股票和证券未来价格的预期，进而对股票和证券市场的供需关系产生影响，以致使投资者的投资收益发生变动。

②利率、汇率升降可能引起的投资风险。利率受国家宏观财税政策、金融政策及市场行情等因素的影响，经常或升或降，处于不稳定状态，进而引起中小企业的投资收益波动起伏。一般来说，当银行利率下降时，中小企业的投资收益率将会上升，此时投资将给其带来收益；反之则会给其投资带来风险，甚至造成损失。而当外币贬值、汇率下降时，等值货币的美元兑换成人民币的数额将减少，而中小企业的投资收益率则一般会下降，中小企业的投资收益将减少甚至发生损失；反之则会给其带来投资收益。

③购买力的变化也会带来投资风险。这主要是指当中小企业的投资到期或中途出售时，由于通货膨胀造成其购买力下降而带来的风险。在通货膨胀率较高的时期，由于物价上涨、货币贬值，使同等价值货币的购买力减少，若中小企业在此时期进行投资，则必须要考虑通胀对货币购买力、对其投资

的影响。

④所处行业竞争性较强。随着市场经济的发展，中小企业之间对产品的市场份额、市场占有率、客户满意度等方面的各种相互竞争越来越激烈。由于利益驱动因素的作用，会有更多的投资者投资于收益较好的产业领域，而使得该行业的投资收益率下降，相应的投资风险也会随之增加。因而，中小企业在投资某一行业或项目时，应首先对该投资项目的经济结构、成本结构进行科学分析和论证，如果该项目处于衰退期，则不宜投资，以避免投资风险的发生。

（2）中小企业投资风险形成的内部因素

①资金利用不合理。由于中小企业规模较小，资金相对缺乏，且主要是以实业投资特别是对内投资为主，缺乏控制投资风险的专业人员和经验，因而在投资时经常会出现盲目投资、重复投资和投资管理混乱等各种问题，导致了不合理的资金占用，进而对投资的未来收益产生不利影响，最终形成中小企业的投资风险。

②盲目追求高额报酬造成的投资风险。中小企业盲目追求高额报酬会引发其投资风险。一般来说，风险和收益成正相关，风险越大，则收益越大；风险越小，相应的收益也就越小。如果中小企业在投资时，只考虑项目的收益因素，而忽略了其风险因素，则很有可能会造成投资失误。只有在投资前对市场进行充分的调查与研究，全面考虑其风险因素，才有可能避免投资风险，或尽早挽回不必要的损失。

③投资决策不科学。当前我国的部分中小企业管理体制不健全，往往采取集权管理模式，由企业主一个人说了算，缺乏内部制衡机制；而管理人员的素质也不够高，投资时缺乏科学的财务预测、决策、预算和分析，盲目投资，投资方向把握不当且贪大求全，只顾及短期资金安排，而不注意资产结构配置。据调查，目前我国中小企业进行投资决策时较多采用回收期法、会计收益率等静态分析方法，而很少采用折现现金流量等动态技术，甚至不采用任何正式的投资决策方法。

④管理模式僵化，管理人员素质不高。中小企业的典型管理模式是所有权与经营权的高度统一，其投资者同时也是经营者，拥有重大事项和日常经营决策权，所以领导专权往往不受约束。因而相关机构设置的是否健全、内部制衡机制的有效性及管理者素质高低对投资的成败有重大影响。调查显示，我国大多数中小企业主对现代管理理论和技术水平较为欠缺，且缺乏基

本的财务及管理知识，接受正规管理培训的机会也很少，这使得中小企业的投资风险进一步加大。

⑤由投资方造成的投资风险。中小企业将其资金、资产等投资于其他中小企业，希望获得较高的收益，但由于被投资企业经营管理不善而出现经营性亏损，无法按期向其支付红利或偿还本息，因而会给其带来风险，造成经济损失。此外，被投资的中小企业如果不履行或不完全履行投资协议也会给作为投资方的中小企业造成损失。

三、中小企业资金回收风险的识别

中小企业产品销售及利润的实现与否，要依靠资金的两个转化过程：一个是从成品资金转化为结算资金的过程；另一个则是由结算资金转化为货币资金的过程。这两个转化过程中时间和金额的不确定性，便形成了资金回收风险。

1. 中小企业资金回收风险的影响因素

影响中小企业资金回收的因素有两个：一个是外部环境因素，如国家财政金融政策的变化就直接影响着中小企业应收账款是否能顺利回收，我国近几年多次出现的"三角债务链"高峰，其实就与当时国家的去杠杆政策不无关系；另一个是内部管理因素，即中小企业对应收账款是否采取了相应得当的管理措施。以上两个因素共同决定了中小企业应收账款风险的大小。因为中小企业自身无力改变其所面临的宏观环境因素，因此，要控制应收账款风险，则只能从企业内部管理上想办法。从中小企业自身来考察，影响其结算资金向货币资金转化的能力和速度的因素主要有如下几个：

（1）结算方式和销售对象

在不同的结算方式下，凭证传递、结算手续、清算过程的时间和程序等差别，会在一定程度上影响中小企业应收账款回收的能力和速度。而不同的销售对象也会对应收账款能否收回和何时收回有着重要影响。如果销售客户财务状况良好，且一贯恪守信用，则会加速其应收账款的收回，否则应收账款就会被拖欠甚至无法收回。

（2）信用政策

信用政策正被越来越多的中小企业所利用，合理的信用政策对促进中小企业销售量的增长和应收账款的及时收回，都会产生积极有效的作用。信用政策的内容包括以下三个方面：

①信用标准。指信用等级达到多高的客户,才允许其赊购本企业产品,它往往是根据客户过去的结算和支付情况来进行评估的,对于经常往来的客户,中小企业通常可以做到这一点。

②信用期限。即规定客户支付购货款的时间限制。

③折扣标准。为了鼓励客户及时付清购货款,对在信用期限到期之前的某段时间内付款的客户,给予其现金折扣的付款优惠。合理的信用政策在很大程度上会提升应收账款的回收速度。

2. 中小企业资金回收风险的形成原因

应收账款难以收回有中小企业自身的内部原因,也有客户方的外部原因。

(1) 中小企业内部原因

中小企业应收账款被长期拖欠的原因是多方面的,除了受市场疲软、中小企业资金紧张、偿债能力差及经济法规不完善、执法不严等因素影响导致中小企业间"三角债"或"多角债"的长期存在且不能有效解决,甚至一些中小企业借破产之名恶意逃债、废债等外部原因外,中小企业自身在其内部应收账款管理方面也存在较大问题:

①中小企业缺少风险防范意识。目前我国大多数中小企业都没有完善的应收账款管理制度。既没有针对应收账款项目进行充分的风险评估,也没有通过设置一套完善的赊销制度,对逾期应收账款能否收回及收回多少进行分析。为了扩大销售,中小企业通常在事先未对客户的信用情况进行全面深入调查的情况下,盲目地大量实行赊销策略,只看重赊销可能会带来的较高经济收益,而对赊销的未来风险则认识不足,不加防范,这造成了大量应收账款的形成,给日后的催款工作增加许多困难。

②缺乏必要的管理制度。我国中小企业的应收账款管理职能目前基本上是由销售部和财务部共同承担的。由于这两个部门在管理目标、职能、利益及对市场反应等方面具有许多差异,且都不可能单独承担起管理应收账款的职能,在实践中常常会出现职责分工不清、互相扯皮或者管理真空等问题。不少中小企业有大量的应收账款对不上、收不回,其中一个最主要的原因便是没有明确哪个部门来管理应收账款,且没有建立起科学的管理办法,缺少必要的内部控制机制。如许多中小企业对其销售部门的考核主要是针对其当期销售量、销售收入,对销售人员则一般是将其工资、销售费用与销售量挂钩,这使得销售部门及销售人员为完成销售任务而不考虑账款的收回盲目赊

销，同时由于企业本身对产品销售后长期不能收回货款缺乏相应的约束制度，导致了大量应收账款沉积下来，有的甚至变成坏账。

③销售部门与财务部门信息渠道不畅通。由于在交易过程中货物与资金流动在时间和空间上具有差异，且票据传递、记录等操作本身都有发生误差的可能性，所以债权债务双方就经济往来中的未了事项定期进行对账和核实，可以明晰双方的权利和义务，防止错误产生。然而，现实中许多中小企业长期不进行对账，有的即便对了账，也并没有据此形成合法的对账依据，而只是口头上的承诺，无法起到应有的作用。此外，给客户提供什么样的信用条件往往是由销售部门凭其经验或个人关系来决定的，财务部门则无权参与并发表意见，财务部门往往只负责进行销售相关及应收账款的账务处理，对有关客户的应收账款账龄资料、客户是否及时归还赊销货款等资料则没有向销售部门进行提供，于是，由于两个部门间信息交流的缺乏，很可能会导致销售部门在向客户提供信用条件时进行错误决策，同时财务部门在对应收账款的监管职能上也得不到充分发挥。

④应收账款日常管理工作不规范。应收账款的日常管理工作包括客户档案建立、信用标准的制定、账龄分类、定期账目核对、客户的信用状况的定期评价、欠款责任人的及时追讨和落实等。目前很多中小企业在这些方面的工作不够规范，如没有建立详细的客户档案，不对客户进行分析，工作无标准或标准不当，追款责任不够明确，销售人员调离或转岗时不对其应负的追款责任进行追究，这也给某些销售人员利用工作漏洞侵占销售回款、侵害企业利益提供了机会。我国大多数中小企业将应收账款管理的重点放在"追账"上，有些甚至成立了追账机构，但其收账效果却并不理想。从表面上看，应收账款是一个财务问题，但其实际涉及从客户开发、订单处理、合同审订到账款回收等各个方面的管理。从业务流程的角度分析，如果忽视交易前和交易中的管理，仅注重"事后"补救，不仅不能合理控制应收账款，而且还可能会花费数倍于正常管理的成本，造成更大损失。因而，当前中小企业的应收账款管理重点必须前移，至少应将其70%的管理工作、成本和精力放在"事前"和"事中"阶段。

⑤信用管理方法落后。我国大多数中小企业目前还没有很好地掌握或运用现代先进的信用管理技术和方法来进行销售业务管理和财务管理工作，如对客户的信用情况缺少准确的评估和预测，因而缺少科学的决策依据，交易中往往只凭主观判断进行决策；由于缺少信用额度的控制，在销售业务的管

理上，往往重权力而不重职能，一旦出现风险相互之间又推卸责任，缺少专业化的应收账款回收方法。业务人员在销售提成的激励下拉到大量订单后让缺少专业技能的人员去收账，这样导致中小企业最终只能品尝大量呆账、死账造成的苦果。

（2）外部客户原因

从中小企业外部来说，赊销客户能否按时付款是应收账款能否收回最直接相关的原因，其主要考虑两方面因素：一是客户的财务状况；二是客户的信用状况。

①客户的财务状况。对客户而言，应收账款是其一种负债，如果其财务状况良好，支付能力强，则中小企业如期全额收回其应收账款基本上是不成问题的，资金回收的风险损失较小甚至为零，同时还会给中小企业带来较高的风险增益。但如果客户经营不善、财务状况不佳，出现经营恶化、财务危机而无力偿还债务时，中小企业如不能采取果断应变措施，必然会蒙受损失。

②客户的信用状况。这是指中小企业在经济交往中，及时足额地支付货款、恪守规则的程度。如果某客户一贯信守诺言，按期足额地清偿债务，则其资信状况良好，中小企业的资金回收风险就较小。反之，资信状况较差的客户则很可能会给企业造成较大的资金回收风险。由于我国市场机制不健全，商业信用惩罚力度不够，法规制度仍有不完善之处，这在一定程度上纵容了部分中小企业不讲信誉、恶意拖欠卖方资金和账款的行为，使得中小企业应收账款不断增加，从而造成应收账款长期存在且无法收回。

③客户对中小企业的依赖性。如果客户的生产经营与作为赊销方的中小企业关系密切，如处于同一条供应链的上下游，则客户对其将形成较强的依赖性，一般会尽力履约，如期全额支付货款。但对那些生产经营与赊销方关系不是十分密切的客户，其履约的动力便会降低、甚至大打折扣，当遇到资金紧张或在偿付欠款时又拥有其他盈利机会时，就可能选择暂不付款，从而给赊销方的中小企业带来机会成本等风险损失。

四、中小企业收益分配风险的识别

作为中小企业财务循环的最后一个环节，资本收益分配是指中小企业将其实现的财务成果对投资者进行分配的过程。中小企业的资本收益分配风险是指由于收益分配可能给企业今后的生产经营活动带来的不利影响。这些不利影响有的是显而易见的，如偿债能力的降低等；有的则是潜在的，如使企业声誉降低等。在中小企业效益有保证、资金周转正常、资源调度适当的情况下，合理的收益分配会提高企业的声誉，调动投资者的积极性。因而，中小企业资本收益分配政策选择的正确与否，也是产生财务风险的重要原因。资本收益分配风险主要有两个方面：一是收益确认的风险；二是将资本收益对投资者进行分配的时间、形式和金额把握不当所产生的风险。

1. 中小企业收益分配风险的分类

(1) 无法及时筹集投资所需资金的风险

如果中小企业不能准确预计其未来投资的时间及所需资金额度时，可能会作出过多发放股利的决策，从而造成未来投资的内部资金不足，使得企业需要放弃好的投资机会或加大外部筹资额度。而外部筹资的风险一般会高于内部筹资风险，因而中小企业内部收益的风险会传递和加大外部筹资风险，进而形成筹资风险。

(2) 虚盈实亏，过度分配的风险

当处于通货膨胀时期，或由于会计政策选择的不当，中小企业虽然在账面上显示盈利，但其现金流却已经被永久地侵蚀掉了，实际上以其账面利润，即使进行了分配也并不能够维持其简单再生产的过程。

(3) 降低中小企业偿债能力的风险

中小企业过度发放盈余或选择以现金形式来发放盈余，会影响企业流动资金的数量，降低企业的偿债能力，并增大到期不能偿还债务的风险。

(4) 股价下跌影响中小企业再筹资的风险

中小企业对收益的过度留存或收益分配政策选择不当，会极大地挫伤投资者的积极性，引起股价下跌及上下波动，影响企业未来的外部筹资，从而加大企业的筹资风险。

(5) 股东员工积极性降低的风险

过度保留留存收益，会激发股东及员工短期利益与长期利益的冲突。由于未来收益的不确定性，股东和员工在一定程度上一般会更重视短期利益，不分配或少分配容易引起其不满情绪。此外，中小企业保留盈余的假设前提是能够在未来获得更多的收益，但由于中小企业规模的扩大和市场竞争的激烈，其投资报酬率从长期来看是呈逐渐下降的趋势，当投资报酬率无法满足股东和员工的最低要求时，更会大大挫伤他们的积极性，从而影响中小企业未来发展。

2. 中小企业收益分配风险的形成机理

（1）收益确认出现偏差

由于客观环境因素的影响和会计方法选择的不当，会使得中小企业有可能少记成本，多记收益，从而使其提前纳税，所确定的分配利润也有可能偏高。

（2）权责发生制记账方式出现矛盾

目前通行的会计利润计算方法是以权责发生制为基础的，而中小企业的大量收入可能会以应收账款形式存在，而若根据此利润基础来进行收益分配，则可能会造成中小企业的现金短缺，所需流动资金不足。

（3）对收益分配的时间、形式和金额把握不当

收益分配会受到许多因素的影响，包括投资方案、外部筹资成本、筹资难易程度、收益结果的质量、收益分配的信号传递及股东满意度、员工满意度等因素。这些影响因素存在很大的不确定性，在受到人们认识能力制约的同时，还受到客观环境变化的影响。

本章小结

本章首先分析了中小企业的内部控制环境，包括企业财务文化、管理者的素质、财务治理机构、人力资源政策以及外部的影响；其次论述了中小企业财务目标设定的方法以及财务风险控制的总体目标；最后从筹资风险、投资风险、资金回收风险和收益分配风险四个方面对中小企业的财务风险进行了识别。

第五章

财务控制下中小企业财务风险的评估与预警

第一节 中小企业财务风险的评估体系设计

财务风险评估主要从筹资风险、投资风险、资金回收风险和收益分配风险四个方面来建立指标体系。

一、中小企业财务风险的评估指标设计

1. 筹资风险评估指标设计

筹资风险评估指标要能反映中小企业筹资情况对其财务风险的影响,包括筹资规模、利息费用等。具体指标如下:

(1) 筹资规模

筹资规模反映的是中小企业筹资金额的多少以及对中小企业偿债能力的总的影响。在此采用反映中小企业负债偿还能力和经营风险的重要定量指标为资产负债率。资产负债率适当,说明中小企业投资人或者债权人的投资风险比较小,中小企业未来生产经营风险也比较小。资产负债率比较保守的限度为不高于50%。

(2) 资金成本总额

资金成本总额主要用定量指标即财务费用率来衡量:

$$财务费用率 = \frac{财务费用}{主营业务收入} \times 100\%$$

财务费用是为筹集中小企业生产经营资金而发生的，费用的高低直接取决于中小企业的负债，特别是银行借款费用。中小企业可以通过这个指标计算，分析财务负担，调整筹资渠道，改善资金结构，提高盈利水平，降低财务风险。

（3）负债结构

负债结构主要用负债结构比例来显示：

$$负债结构比例 = \frac{流动负债}{负债总额} \times 100\%$$

通过此比率分析中小企业借款结构与生产经营是否相符，分析中小企业短期偿债能力和长期偿债能力对财务风险的影响。

（4）偿债能力

偿债能力指标用利息保障倍数反映：

$$利息保障倍数 = \frac{息税前利润}{利息费用}$$

这是从债权人的立场出发，他们对中小企业筹资风险的衡量，利息保障倍数的重点是衡量中小企业支付利息的能力，没有足够大的息税前利润，利息的支付就会发生困难。

2. 投资风险评估指标设计

投资风险评估指标要能反映投资情况对中小企业财务风险的影响，包括投资规模、内部报酬率等。具体指标如下：

（1）规模大小

规模大小主要用长期资产使用率进行考核：

$$长期资产使用率 = \frac{所有者权益 + 长期负债}{固定资产 + 长期投资} \times 100\%$$

一般的中小企业不会把大量的资金用于长期股权投资和长期债权投资，所以长期投资主要是中小企业用于对内和对外投资的总和。主要分析中小企业对外投资是否与其资产相匹配。

（2）内部报酬率

内部报酬率主要分析中小企业投资项目的盈利率，反映了投资使用效率。如果内部报酬率低于中小企业资金成本，则会带来较大的财务风险。

(3) 投资回收期

投资回收期主要分析中小企业多长时间收回全部投资。投资回收期越长,随着环境的变化,中小企业面临的不确定性就大,带来的财务风险就大。

(4) 投资项目与本企业相关度

投资项目与本企业相关度用定性指标考核。主要分析中小企业对外投资项目与经营项目相关度,如果中小企业投资于其从不涉及的经营项目,无论从生产还是管理来说,风险明显增大。

(5) 投资项目的监管力度

投资项目的监管力度用定性指标考核。主要分析中小企业对所投资的项目是否派有专门的人管理以及管理力度的大小。好的项目缺乏有效的管理,也会给中小企业带来风险。

3. 资金回收风险评估指标设计

在市场经济条件下,由于中小企业之间竞争的激烈和信用关系的发达,资金回收往往是中小企业资金运动不可逾越的阶段(少数中小企业如零售商业例外)。当然,如果应收账款能及时完整地收回并不会对中小企业的生产经营活动产生不良影响。然而,市场行情的瞬息万变,中小企业竞争的优胜劣汰,以及中小企业自身的管理不善,都决定了资金回收风险的不可避免性。这种风险表现在以下两个方面:

(1) 资金回收时间上的风险

若应收账款迟迟无法收回,拖延过久,会增加中小企业资金占用和资金成本,甚至造成资金周转失灵,生产停滞。反映中小企业应收账款回收时间风险的指标是应收账款的平均回收期,计算方法如下:

$$应收账款平均回收期 = \frac{360}{应收账款平均周转次数}$$

$$应收账款平均周转次数 = \frac{年赊销收入净额}{应收账款平均余额}$$

(2) 资金回收数额上的风险

倘若应收账款最终无法收回,坏账损失过高,也会使中小企业偿债能力下降,财务状况恶化。因此,中小企业必须重视和加强应收账款风险的管理。反映应收账款回收金额风险的指标是坏账损失率,计算方法是:

$$坏账损失率 = \frac{坏账损失额}{赊销收入净额} \times 100\%$$

4. 收益分配风险评估指标设计

资本收益分配风险指标体系要能反映中小企业收益分配情况以及对中小

企业财务风险的影响,主要指标有:

(1) 支付比率

支付比率用定量指标考核,主要分析中小企业如何控制收益分配,控制资金成本,一般用收益分配的额度反映。

(2) 分配方式

分配方式用定性指标考核。主要分析收益分配方式对中小企业财务风险的影响。

(3) 分配政策

分配政策用定性指标考核。主要分析分配政策对中小企业财务风险的影响。

综上所述,中小企业财务风险评估指标体系如表 5-1 所示。

表 5-1　　　　　　中小企业财务风险评估指标体系

总目标	一级指标	二级指标	计算方法
中小企业财务风险评估 A	筹资风险（A_1）	筹资规模（A_{11}）	资产负债率
		资金成本总额（A_{12}）	财务费用率
		负债结构（A_{13}）	负债结构比
		偿债能力（A_{14}）	已获利息倍数
	投资风险（A_2）	规模大小（A_{21}）	长期资产使用率
		内部报酬率（A_{22}）	内部报酬率
		投资回收期（A_{23}）	投资回收期
		投资项 g 与本中小企业相关度（A_{24}）	定性指标,专家打分
		投资项 0 的监管力度（A_{25}）	定性指标,专家打分
	资金回收风险（A_3）	资金回收时间上的风险（A_{31}）	应收账款平均回收期
		资金回收数额上的风险（A_{32}）	坏账损失率
	收益分配风险（A_4）	支付比率（A_{41}）	支付比率
		分配方式（A_{42}）	定性指标,专家打分
		分配政策（A_{43}）	定性指标,专家打分

二、中小企业财务风险的评估模型

中小企业财务风险评估是指对中小企业在某一时期内财务风险的控制情况进行评价,以发现存在问题并进行处理。由于财务风险的复杂性和动态性,在评价指标的获取中存在很多不完整的信息,因此本书采用层次分析法与模糊数学法相结合的模糊层次综合评价法(FAHP)对中小企业财务风险进行综合评价。模糊综合评价法的主要优点在于:第一,可将评价信息的主观因素对评价结果的影响控制在较小的限度内,从而使评价比较全面和客观；第二，适合于多主体对多层次多类指标评价信息的整合。

1. 评价指标权重计算

层次分析法（AHP）是一种定性与定量相结合的多准则、多层次决策的综合评价方法。AHP 是将决策问题所涉及的各种因素按目标、准则、方案等分成多个层次，将人的思维层次化、数量化，运用一定的数学方法将决策问题进行定量化分析，从而为决策提供依据。因此，运用 AHP 首先要将问题层次化，根据主观判断得出下一层次相对于上一层次因素的比较判断矩阵，然后经过数学运算得出底层对于高层的相对重要权重，最后计算各因素对于总体目标的组合权重。层次分析法确定指标权重的步骤如下：①根据 T. L. Saaty 标度理论构造两两判断矩阵。通过设计专家调查问卷表格的形式进行打分，对各评价指标之间的重要度进行评判，构造判断矩阵。元素为 α_{ij}（$i, j = 1, 2, \cdots, n$，n 为评价指标数），$\alpha_{ij} = 1$，$\alpha_{ji} = \dfrac{1}{\alpha_{ij}}$。见表 5 – 2。

表 5 – 2　　　　　　　　　　打分标度

标度	定义	说明
1	同等重要	两个要素相比较，它们具有同等重要性
3	稍微重要	两个要素相比较，一个比另一个重要一些
5	明显重要	两个要素相比较，一个明显比另一个重要
7	强烈重要	两个要素相比较，一个比另一个重要得多
9	极端重要	两个要素相比较，一个绝对比另一个重要
2, 4, 6, 8	两个相邻判断之间的折中	上述两个相邻标准之间折中时的定量标度
上列各数的倒数	—	倒数表示两个要素相比较时的不重要程度

②计算每行元素的乘积 M_k：

$$M_k = \prod_{j=1}^{n} a_{kj}, k = 1, 2, 3, \cdots, n$$

③计算 M_k 的 n 次方根 $\overline{M_k}$：

$$\overline{M_k} = \sqrt[n]{M_k}, k = 1, 2, \cdots, n$$

④对 $\overline{M_k}$ 进行一次归一化处理得特征向量 W：

$$\omega_k = \frac{\overline{M_k}}{\sum_{j=1}^{n} \overline{M_k}}, W = (\omega_1, \omega_2, \omega_3, \cdots, \omega_k)^T, k = 1, 2, 3, \cdots, n$$

⑤根据 $AW = \lambda W$ 计算最大特征根 $\lambda_{\max}$：

$$\lambda_{\max} = \frac{1}{n} \sum_{k=1}^{n} \frac{(AW)_k}{\omega_k}$$

⑥计算一致性指标 C.I. 及随机一致性比值 C.R.，进行一致性检验：

$$C.I. = \frac{\lambda_{max} - n}{n - 1}, C.R. = \frac{C.I.}{R.I.}$$

其中，平均随机一致性指标 R.I. 依照表 5-3 取值。

表 5-3　　　　　　　　　R.I. 取值表

矩阵阶数 n	1	2	3	4	5	6	7	8	9
R.I.	0	0	0.58	0.92	1.12	1.24	1.32	1.41	1.45

当 C.R. <0.1 时，判断矩阵符合满意一致性，说明权数分配合理，否则要调整判断矩阵。

2. 模糊综合评估模型

风险评估一般有定性和定量两个指标体系。对定性指标来说，它本身就是一个模糊概念，采用一般评估方法准确度很难得到保证，而采用模糊评估法则能取得最佳效果。至于定量指标，它本身虽是一个确定的数值，但是到底属于哪个风险水平则取决于划分水平的界限值，而界限值最终取哪个数值，这又是模糊的。因此，要解决这个问题也要运用模糊评估法。并且现有的一些评估方法只考虑定量指标，而定性指标由于不好处理，则很少考虑。本书尝试用模糊综合评估模型把两个方面的评估结果逐步综合起来。

采用 AHP 与 FUZZY 相结合的综合评价法进行中小企业财务风险的结果评估，具体步骤如下：

①求取一级指标集：$A = (A_1, A_2, A_3, A_4)$ 及其相应的权重 $W_A = (W_{A1}, W_{A2}, W_{A3}, W_{A4})$。

②求取二级指标集：$A_i = (A_{i1}, A_{i2}, \cdots, A_{im})$ 及其相应的权重 $W_{Ai} = (W_{i1}, W_{i2}, \cdots, W_{im})$。

③评语集：设 $V = (v_1, v_2, \cdots, v_5)$ 是一个评语集，表示从高到低的各级评语，语气算子设为"差""较差""中等""较好""好"五个等级，见表 5-4。

表 5-4　　　　中小企业财务风险评价指标评分结果分档

指标档次	V_1	V_2	V_3	V_4	V_5
指标得分	[0, 40)	[40, 55)	[55, 70)	[70, 85)	[85, 100]
指标评价	差	较差	中等	较好	好

④对每个 A_i 的 m 个因素按初始模型作综合评价：

$$R_i = \begin{bmatrix} R_{11} & R_{12} & \cdots & R_{1n} \\ R_{21} & R_{22} & \cdots & R_{2n} \\ \vdots & \vdots & \vdots & \vdots \\ R_{m1} & R_{m2} & \cdots & R_{mn} \end{bmatrix}$$

$(s = 1,2,\cdots,m; j = 1,2,\cdots,5)$

其中，R_{sj}表示因素指标R_{sj}对第j级评语V_j的隶属度，满足$0 \leq R_{sj} \leq 1$，$\sum_{i=1}^{s} R_{sj} = 1$。

⑤利用模糊矩阵合成运算，得A_i的综合评价模型，对于模糊矩阵的合成运算可用矩阵乘法：$A_i = W_{Ai} \cdot R_i = (A_{i1}, A_{i2}, \cdots, A_{i5})$。

⑥对A的n个因素按初始模型作综合评价。从A到V的模糊关系用模糊矩阵R_A来表示：$A = W_A \cdot R_A = (A_1, A_2, \cdots, A_5)$。$A$就是对评价对象的一个模糊综合评价。

⑦设$F = (f_1, f_2, \cdots, f_5)^T$，$F$是一个分数集，它是一个列向量，表示评语集$V$中各元素的标准分数。

⑧利用向量的乘积，计算出中小企业财务风险评估的评分值Z_1，Z_1是一个代表数值，$Z_1 = A \cdot F$。根据Z_1值的大小，可将中小企业风险分为五个档次，见表5-5。

表5-5　　　　　　　　中小企业风险档次划分

Z_1值	[0, 40)	[40, 55)	[55, 70)	[70, 85)	[85, 100]
指标评价	差	较差	中等	较好	好

第二节　中小企业财务风险控制的评估体系设计

中小企业不论规模大小，通常都会制定一些相应的财务风险控制制度，但这些制度并不一定能有效地防范中小企业的财务风险。本节通过对中小企业财务风险控制体系的评价进行符合性测试，以确定财务风险控制体系的健全程度和得到遵循的程度，进而确定财务风险控制体系是否可以依赖以及可以依赖的程度，并从中发现中小企业财务风险控制体系的不足。

一、评估指标的选择

通过对 COSO 风险管理框架的分析,作者将财务风险控制的评估变量分为三个层次:①变量大类。财务风险控制分成控制环境、目标设定、事件识别、风险评估、风险反应、控制活动、信息和沟通、监控八大要素。②二级变量。将各控制要素分为不同的二级变量。③评估要点。分析各二级变量所关注的财务风险控制要点。如表 5-6 所示。

表 5-6　　　　　中小企业财务风险控制体系评估指标

目标	指标	子指标	权重 指标	权重 子指标
中小企业财务风险控制体系评估 B	内部财务环境控制 B_1	中小企业文化 B_{11}	ω_1	ω_{11}
		管理者的素质 B_{12}		ω_{12}
		治理机构 B_{13}		ω_{13}
		人力资源政策 B_{14}		ω_{14}
		外部的影响 B_{15}		ω_{15}
	财务目标设定 B_2	目标制定的层次性 B_{21}	ω_2	ω_{21}
		资源分配的适当性 B_{22}		ω_{22}
		目标传达的有效程度 B_{23}		ω_{23}
		管理层参与目标制定的程度 B_{24}		ω_{24}
	事项识别 B_3	对事项的敏感程度 B_{31}	ω_3	ω_{31}
		辨别风险与机会的能力 B_{32}		ω_{32}
		事项识别技术使用恰当性 B_{33}		ω_{33}
	财务风险评估 B_4	评估风险发生的可能性 B_{41}	ω_4	ω_{41}
		判断风险的影响程度 B_{42}		ω_{42}
		适当的风险评估方法 B_{43}		ω_{43}
	财务风险反应 B_5	应对风险的相关制度或措施 B_{51}	ω_5	ω_{51}
		对风险反应的敏感程度 B_{52}		ω_{52}
		面临风险时的决策能力 B_{53}		ω_{53}
	财务控制活动 B_6	控制政策和程序 B_{61}	ω_6	ω_{61}
		控制行为的执行效果 B_{62}		ω_{62}
		对例外事件的控制 B_{63}		ω_{63}
		信息处理的控制 B_{64}		ω_{64}
	信息与沟通 B_7	信息质量 B_{71}	ω_7	ω_{71}
		信息系统 B_{72}		ω_{72}
		沟通的渠道和方式 B_{73}		ω_{73}
	财务风险监控 B_8	明确的监督机构 B_{81}	ω_8	ω_{81}
		监督方式 B_{82}		ω_{82}
		对风险管理进行记录的程度 B_{83}		ω_{83}
		报告缺陷 B_{84}		ω_{84}

二、评估标准的确立

在评估变量确定以后,对于变量符合性的判断依据也非常重要。财务风险控制总体评估标准包括:财务风险控制体系设计的完整性和财务风险控制体系执行的有效性。财务风险控制综合评估指标体系如表 5-7 所示。

1. 完整性

将财务风险控制的完整性程度分为"完整""基本完整""不够完整""不完整"四个等级,用来作为财务风险控制设计完整性的评估标准。

2. 有效性

将财务风险控制的有效性程度分为"有效""基本有效""不够有效""无效"四个等级,用来作为财务风险控制执行有效性的评估标准。

表 5-7 完整性与有效性评估标准

目标	标准	控制特征
完整性	完整	各项财务风险控制制度全面、完整,覆盖所有的业务领域和操作环节,适应业务发展和风险防范的需要,符合国家的金融法律和监管部门的规章制度
	基本完整	重要业务领域均制定了相应的财务风险控制制度,基本适应业务发展和风险防范的需要,但部分财务风险控制制度的操作性、指导性不强,个别业务领域和管理环节缺少财务风险控制制度
	不够完整	财务风险控制制度不够全面,部分重要业务领域或操作环节缺乏相应的财务风险控制或存在缺陷,不利于业务发展和风险防范的需要,可能影响中小企业安全运营或造成损失
	不完整	财务风险控制制度存在严重缺陷,重要业务领域或操作环节缺乏相应的财务风险控制,业务发展缺乏管理控制,潜在风险已影响中小企业的安全运行
有效性	有效	各项财务风险控制制度得到认真贯彻执行,所有业务领域和操作环节所承受的风险得到有效控制,财务风险控制能有效地发现、管理、控制各种风险,并且与中小企业规模和业务发展相适宜
	基本有效	各项财务风险控制制度基本得到贯彻执行,重要业务领域和操作环节所承受的风险得到控制,但有少量违章操作现象
	不够有效	所设计的财务风险控制制度基本没有得到认真执行,导致部分重要业务领域或操作环节的风险未得到有效控制,或现存的财务风险控制制度存在缺陷或违章操作,可能引致风险,若不采取措施可能对中小企业的安全运行带来严重影响
	无效	所设计的财务风险控制制度没有得到有效执行,财务风险控制有效性存在严重问题,不能有效防范和控制重大风险,很可能导致管理失控或业务损失,并危及中小企业的安全运行

3. 各要素的矩阵评分

每个评估要素的评分范围是 0～100 分，60 分（含 60 分）以上的财务风险控制要素是可以接受的，而 60 分以下的财务风险控制要素是不合格的。见表 5-8。

表 5-8　　　　　评分矩阵

设计＼	有效	基本有效	不够有效	无效
完整	100	80	60	40
基本完整	80	60	40	20
不够完整	60	40	20	0
不完整	40	20	0	0

从表 5-8 可看出，无论财务风险控制设计得如何完善，但没有得到有效执行，这个财务风险控制系统也是无效的；同样，如果财务风险控制设计存在重大缺陷，无论你执行得如何到位，这个财务风险控制系统也是无效的。所以说，财务风险控制是设计和执行的统一，两者缺一不可。因此，应同时选择完整性和有效性这两个财务风险控制评估指标来对中小企业财务风险控制各要素进行评分，将定性的描述转化成定量的表达，为下一步对财务风险控制系统的总体评价提供基础。

三、评估方法设计

1. 测试资料汇总及各要素财务风险控制定性评估

健全性测试和有效性测试是综合性评估的前提工作，它们为综合评估提供了财务风险控制制度设计的完整情况和财务风险控制制度执行的有效情况等必需的基础资料。综合评价首先要将符合性测试和有效性测试收集到的中小企业财务风险控制的情况，按财务风险控制八要素进行分类汇总，在每个要素下又可以按财务风险控制详细评价内容指标分别汇总，得到各要素的"完整性"和"有效性"两方面的评价结果，然后将上述结果按照表 5-9 所示的评分标准，分别将各个要素的定性评价转换为定量评分，即得出中小企业财务风险控制系统各要素的相应评分，并将最后结果填入表 5-9。

表 5-9　评估结果

目标	指标	子指标	权重		完整性评价				有效性评价				评分
			指标	子指标	完整	基本完整	不够完整	不完整	有效	基本有效	不够有效	无效	
中小企业财务风险控制体系评估 B	内部财务环境控制 B_1	B_{11}	ω_1	ω_{11}	★				★				100
		B_{12}		ω_{12}									
		B_{13}		ω_{13}									
		B_{14}		ω_{14}									
		B_{15}		ω_{15}									
	财务目标设定 B_2	B_{21}	ω_2	ω_{21}									
		B_{22}		ω_{22}									
		B_{23}		ω_{23}									
		B_{24}		ω_{24}									
	事项识别 B_3	B_{31}	ω_3	ω_{31}									
		B_{32}		ω_{32}									
		B_{33}		ω_{33}									
	财务风险评估 B_4	B_{41}	ω_4	ω_{41}									
		B_{42}		ω_{42}									
		B_{43}		ω_{43}									
	财务风险反应 B_5	B_{51}	ω_5	ω_{51}									
		B_{52}		ω_{52}									
		B_{53}		ω_{53}									
	财务控制活动 B_6	B_{61}	ω_6	ω_{61}									
		B_{62}		ω_{62}									
		B_{63}		ω_{63}									
		B_{64}		ω_{64}									
	信息与沟通 B_7	B_{71}	ω_7	ω_{71}									
		B_{72}		ω_{72}									
		B_{73}		ω_{73}									
	财务风险监控 B_8	B_{81}	ω_8	ω_{81}									
		B_{82}		ω_{82}									
		B_{83}		ω_{83}									
		B_{84}		ω_{84}									

例如，内部审计师评价中小企业内部环境中的企业文化（B_{11}）设计全面、完整，那么就可以评价中小企业文化（B_{11}）的完整程度是"完整"；同时中小企业文化（B_{11}）得到了完全地贯彻执行，那么就可以评价中小企业文化（B_{11}）的有效程度是"有效"。那么就可以在表 5-6 中找到中小企业文化（B_{11}）行和"完整"与"有效"列，并在交叉的地方分别划上"★"。同时对照表 5-9，得出评分为 100。

2. 确定财务风险控制各要素的权重

财务风险控制各要素的权重尚无统一标准。财务风险控制各要素的权重与中小企业的规模、战略目标及所处行业都有关系，不同企业其权重也可能不同。本书运用层次分析法和模糊数学法分析出财务风险控制八要素的权重 ω_i 以及其子要素的权重 ω_{ij}，具体步骤同上。

3. 财务风险控制的加权综合评分

确定了上述要素的评分和权重后，便可对财务风险控制整体进行综合评分。首先内部审计人员应当运用专业判断对各要素在中小企业特定背景下的重要性进行评估，然后结合已分配的权重将各要素的分数求加权平均，计算出中小企业整个财务风险控制的综合评分。财务风险控制加权综合评分可以通过以下公式来确定：

$$Z_1 = \omega_1 \sum \omega_{1i} B_{1i} + \omega_2 \sum \omega_{2i} B_{2i} + \omega_3 \sum \omega_{3i} B_{3i} + \omega_4 \sum \omega_{4i} B_{4i} +$$
$$\omega_5 \sum \omega_{5i} B_{5i} + \omega_6 \sum \omega_{6i} B_{6i} + \omega_7 \sum \omega_{7i} B_{7i} + \omega_8 \sum \omega_{8i} B_{8i}$$

4. 评价结果的解释

以下是对中小企业整个财务风险控制综合评分的定性描述：

（1）财务风险控制完整有效（100~80分）

各项制度完善，执行有效，适应业务发展需要。各种规章制度和业务操作规程得到认真贯彻和有效实施，能有效地控制业务风险，经营稳健。即使存在问题也是属于性质一般的问题，可通过常规方式解决。完全有能力抵御外部经济和金融风险，对环境变化的适应能力强。

（2）财务风险控制基本完整有效（80~60分）

各项制度较为完善，但制度执行有缺陷，一般不会对中小企业的稳健运营造成严重影响；或重要业务领域的财务风险控制制度较为健全，业务操作符合各项规章制度和业务操作规程，但财务风险控制制度不够全面、完善。虽可能会表现出轻微的弱点，但仍可以在日常工作中加以更正。这类中小企业的问题特征和程度都不是本质上的，因此，这类中小企业经营稳定，并且也可以承受经营环境变动所带来的冲击。

（3）财务风险控制系统存在明显缺陷（60~40分）

各项制度虽然健全，但制度执行有效性较差；或重要业务领域的财务风险控制制度较为健全，但制度执行有效性一般；或虽然现有的各项制度执行有效，但制度的健全性、完整性有问题，个别重要业务领域或操作环节缺乏相应的财务风险控制或存在缺陷，可能引致风险。业务发展受到影响，经营状况一般。在不利的商业环境中，这类中小企业是很脆弱的，而且如果不采取有效的措施改进，则经营状况很容易恶化。

(4) 财务风险控制存在重大缺陷（40~20分）

各项制度虽然比较健全，但制度执行有效性较差，有章不循、违章操作现象较多；或虽然制度的执行有效性较好，但在财务风险控制制度健全性和适应性方面存在问题甚至严重不足，缺少一些必要的规章制度，不适应中小企业业务发展的需要，可能导致管理失控或经营损失，经营状况不佳。有很多严重的财务问题或其他一系列令人不满的状况。所存在的主要而严重的问题或不安全不稳定的状况，没有得到满意的解决或改善。除非采取有效的行动纠正这些问题，否则它们将会损害中小企业的生存。

(5) 财务风险控制系统无效或没有控制（20~0分）

各项制度虽然较为完善，但制度执行有效性极差，有章不循、违章操作现象严重；或各项制度健全性有问题，个别重要业务领域或操作环节缺乏相应的财务风险控制或存在缺陷，规章制度匮乏，而且现有各项制度的落实或执行较差甚至极差；或内控制度严重匮乏，重要业务领域或操作环节缺乏相应的财务风险控制，而且现有的各项制度的执行有效性一般，甚至很差，存在严重的管理控制漏洞；业务经营失控，经营状况很差，各类案件时有发生，危及中小企业的安全运行，经营失败的可能性很大或即将发生。

第三节　中小企业财务风险预警体系设计

在财务风险识别和评估的基础上，基于中小企业应对风险的能力较大型企业相对较弱，建立中小企业财务风险预警系统也是一项必不可少的工作。

一、中小企业财务风险预警系统的功能

中小企业财务风险预警系统具有以下几个功能：监测功能、诊断功能、矫正功能和免疫功能。其中前两个功能是财务风险预警系统的基本功能，后两个功能则由其衍生而来。

1. 监测功能

财务风险预警系统的基本功能是对风险预先进行警报和防范。监测即通过跟踪企业的生产经营过程，将企业生产经营的实际情况同企业预定的目标、计划、标准进行对比，对企业营运状况进行预测、找出偏差，进行核算、考核，从而发现产生偏差的原因或存在的问题。当出现可能危害企业财务状况的关键因素时，财务预警系统能预先发出警告，提醒经营者早作准备或采取对策。当出现危害企业财务状况的关键因素之时，可以提出警告，提醒企业经营者早日寻求对策，避免风险的发生或是减少损失的程度。

2. 诊断功能

诊断是预警体系的重要功能之一。根据跟踪、监测的结果对比分析，运用现代企业管理技术、企业诊断技术对中小企业财务风险状况进行判断，发出相应的警报。这样能促使管理者寻找导致企业财务状况恶化的原因，使经营者能够掌握风险控制的主动权。

3. 矫正功能

通过监测、诊断，判断中小企业财务上存在的弊病，找出病根后，应对症下药，纠正企业财务管理过程中的偏差或过失，使企业回到正常运转的轨道。一旦发现财务危机，经营者要阻止财务危机继续恶化下去。

4. 免疫功能

通过预警分析，中小企业能系统而详细地记录财务风险发生的缘由、处理经过、解除危机的各项措施，以及处理反馈与改进的建议，作为未来类似情况的前车之鉴。这样，中小企业将纠正偏差与过失的一些经验、教训转化成企业管理活动的规范，以免重犯同样或类似的错误，不断增强中小企业自身的免疫能力。

二、中小企业财务风险预警机制的构成

中小企业的财务风险预警系统要发挥预期的作用，形成良性的动态循环，必须从机制上进行系统设计，实现监测、诊断、矫正等功能。从系统的构成来看，根据财务风险预警系统运行的目的和要求，本书认为可以将财务风险预警机制构成分为财务风险预警管理目标、信息监测与传导机制、财务风险评估与分析机制、预警信号报警与处理机制、组织机制等。

1. 财务风险预警管理目标

首先，通过财务风险预警管理能够培育和提高中小企业财务风险意识，

减轻或消除不确定性因素的影响,提高中小企业的适应能力和发展能力,保障中小企业的长期生存和持续发展。其次,通过建立风险预警系统,能够随时发现中小企业财务管理活动中各种管理漏洞、管理失误、重大风险和隐患,并采取适当措施,保持资金运动始终处于安全区域内,增强资金运动的效益性和持续性。再次,提供中小企业一个有安全保障的理财环境,使企业领导和职工在应对财务风险的过程中增强信心,形成坚强的合力。最后,可以使中小企业的领导从纷繁杂乱的日常事务中解脱出来,有更多的时间和精力考虑企业重大决策。管理者在预警管理的过程中,能够充分利用中小企业现有管理基础,充分发挥企业 ERP 和 IT 技术的优势,提高财务管理水平。

2. 信息监测与传导机制

信息是中小企业财务风险预警管理的关键,良好的财务风险预警系统必须建立在对大量财务风险信息的统计分析基础之上,只有能采集到风险最原始的信息,才能作出相应的评估、度量和管理决策。因此,中小企业首先要在财务风险预警系统中设置信息监测机制。该机制重点收集能灵敏、准确地反映企业内部生产、经营、市场开发等发展变化的财务信息,并对这些信息进行分析和处理,根据分析结果找出企业经营过程中出现的各种问题。只有这样才能准确及时地预测企业财务风险的程度,进而采取有效的措施规避和控制财务危机,促使企业健康、持续地发展。

风险预警的传导机制是中小企业财务风险控制的基本保证,它有两个基本功能:其一是及时将采集到的各种风险信号传递到中小企业预警系统中,之后再将预警系统所作出的风险管理和控制指令及时有效地传递到风险管理部门,来指挥控制风险的管理工具的实施。其二是及时将对风险预警管理后实际效果评价信息反馈给中小企业预警系统,以便寻找风险预警系统中的可能缺陷与不足,作出对风险预警及管理行为和工具的修正或调整,再将这些指令准确传递到承接部门。一个有效的传导机制,能提高中小企业本身的经营能力。

3. 财务风险评估与分析机制

财务风险预警系统首先要对企业财务活动过程中所产生的财务风险进行正确分类和评估,以便有效判断财务决策的正确与否、环境和市场是否可以保障等,从而将财务风险消灭在萌芽状态。目前,虽然国内已经建立了一些企业财务风险的预警模型,但真正针对中小企业的财务风险的预警还很不成熟。中小企业必须针对所面对的财务风险和环境,结合财务风险预警目标与管理水平,选用适用的财务风险评估与分析模式,以保证企业对财务风险的结构分类、程度测评、结果分析和发展趋势的可能性作出准确判断，及时发出财务风险控制和管理的指令。

4. 预警信号报警与处理机制

中小企业可以通过设置财务风险报警系统来实现对警情的预报。在指标超过临界值的情况下发出警报，通知到相关部门和个人。报警方式可以多样化。如用指示灯：红——巨警；黄——中警；蓝——轻警；绿——无警等。也可以用不同的声音来表示危险度的大小。

企业对存在的财务风险发出警报后，就应及时地发出财务风险控制指令。通过采取相应的措施，分析财务风险产生的原因，减少风险带来的损失。企业的财务风险如果始终很大，就会威胁一个企业的生存。企业要想摆脱财务风险就必须预先制定预处理方案，从而削弱风险带来的负面影响，甚至可以杜绝和避免类似财务风险再度发生。

5. 组织机制

财务风险预警管理的主体是人，因此中小企业在建立财务风险预警系统的同时，必须要根据自身和预警系统的要求建立适合的组织机构。财务风险预警系统是对企业现存组织体系的一种进入和补充。为了实现中小企业的财务风险预警管理的目标，中小企业的组织机构就必须要实用、简洁、系统和有效率。

在职能上，预警机构与企业经营、财务活动相分离，相对独立于企业中其他组织机构，但又必须渗透到企业各个角落，完全掌握财务活动的状况。

从预警管理机构的运行来看，中小企业的风险预警对象主要是内部的财务风险，但是其中还有很多诸如体制、市场、信用、法律、金融、技术等风险因素的影响。需要一个预警中心进行综合总结，统一向高级管理层报告。为了保持风险预警的独立性，风险预警部门一般向中小企业的总经理进行报告。一个中小企业完整的财务风险预警管理组织如图 5-1 所示。

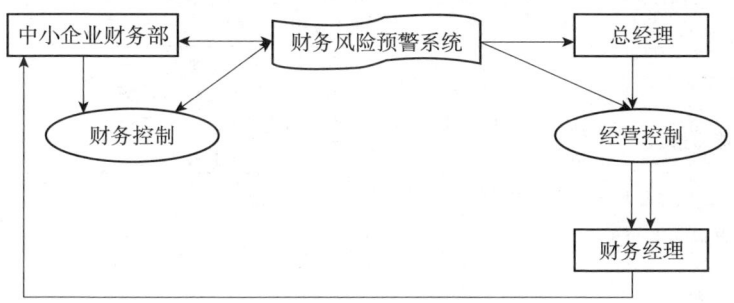

图 5-1 中小企业财务风险预警管理组织示意图

三、中小企业财务风险预警系统指标体系构建

1. 中小企业财务风险预警管理系统指标体系

财务评价指标体系与财务风险预警指标体系既有区别又有联系。区别在于：第一，评价的内容和范围不同。财务评价指标体系评价的内容和范围是整个财务管理的各个步骤、各个方面所需重要指标的总汇，而后者评价的内容和范围仅限于财务管理；第二，重要性不同。前者在财务管理中属于中心地位，其变化与否影响整个财务管理体系，后者重要性弱于前者，但对于企业未来发展的作用也有一定意义，占有一定地位；第三，建立的意义不同。前者的建立是必要的，是任何企业的管理不可缺少的，后者的建立与否决定于一个企业的独立程度、社会竞争的激烈程度和优胜劣汰法则的作用程度。二者的联系在于财务风险预警指标体系可以看作是财务评价指标体系的一个分支，两者有交叉，后者对前者的发展有一定的促进作用。

借鉴国内外有关企业财务评价指标，首先把中小企业财务风险预警指标体系从偿债能力、盈利能力、资产运营能力、成长能力和财务结构五个方面确定，如表5-10所示，然后根据中小企业所处生命周期的不同阶段，从总表项目中抽取相应的指标，组成适应各成长阶段的财务风险预警指标体系。

表5-10　　　　　中小企业的财务风险预警指标体系总表

指标类别	指标名称	计算公式
偿债能力指标	流动比率	流动资产/流动负债
	速动比率	速动资产/流动负债
	资本周转率	销售收入/平均股东权益
	已获利息倍数	息税前利润/债务利息
	现金比率	现金类资产/流动负债
盈利能力指标	销售利润率	净利润/销售净收入
	主营业务利润率	主营业务利润/主营业务收入
	成本费用利润率	营业利润/成本费用总额
	净资产收益率	净收益/资本总额
	总资产收益率	净利润/平均资产总额
资产运营能力指标	总资产周转率	销售收入净额/平均资产总额
	流动资产周转率	销售收入净额/流动资产平均占用额
	应收账款周转率	销售收入/平均应收账款
	存货周转率	销售成本/平均存货额
成长能力指标	销售增长率	本期销售增长额/上期销售收入
	资本积累率	本期所有者权益增长额/年初所有者权益

续表

指标类别	指标名称	计算公式
财务结构指标	资产负债率	负债总额/资产总额
	资本化比率	长期负债合计/（长期负债合计＋所有者权益合计）
	固定资产净值率	固定资产净值/固定资产原值
	资本固定化比率	（资产总计－流动资产合计）/所有者权益合计

为了对中小企业财务风险预警体系实行动态管理，基于中小企业处于生命周期不同阶段的财务战略各不相同，本书建立如下分阶段的财务风险预警指标体系：

（1）初创期财务风险预警指标体系

在图 5-2 中，偿债能力指标包括：流动比率、速动比率、已获利息倍数、现金比率；盈利能力指标包括：销售利润率、主营业务利润率、净资产收益率、总资产收益率；资产运营能力指标包括：总资产周转率、流动资产周转率、应收账款周转率和存货周转率。

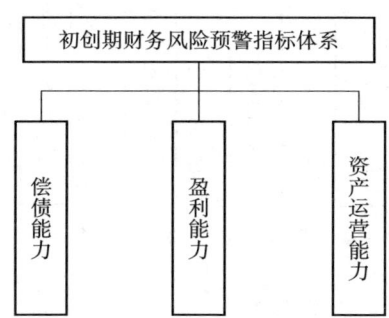

图 5-2 初创期中小企业财务风险预警指标体系

（2）成长期财务风险预警指标体系

在图 5-3 中，偿债能力指标包括：流动比率、速动比率、资本周转比率、已获利息倍数；盈利能力指标包括：销售利润率、主营业务利润率、净资产收益率、总资产收益率；成长能力指标包括：销售增长率、资本积累率；财务结构指标包括：资产负债率、资本化比率、固定资产净值率和资本固定化比率。

（3）成熟期财务风险预警指标体系

在图 5-4 中，偿债能力指标包括：流动比率、速动比率、资本周转比率、已获利息倍数；盈利能力指标包括：销售利润率、主营业务利润率、净资产收益率、总资产收益率；资产运营能力指标包括：总资产周转率、流动

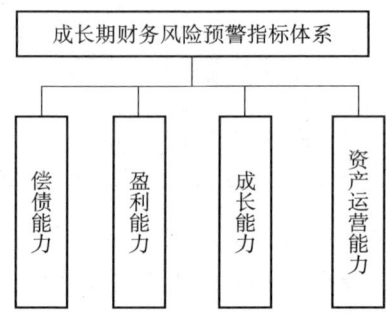

图 5-3　成长期中小企业财务风险预警指标体系

资产周转率、应收账款周转率、存货周转率；财务结构指标包括：资产负债率、资本化比率、固定资产净值率和资本固定化比率。

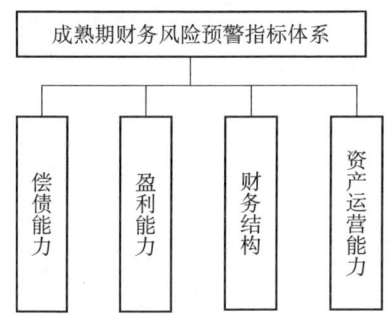

图 5-4　成熟期中小企业财务风险预警指标体系

（4）衰退期财务风险预警指标体系

在图 5-5 中，偿债能力指标包括：流动比率、速动比率、资本周转比率、已获利息倍数；盈利能力指标包括：销售利润率、主营业务利润率、净资产收益率、总资产收益率；财务结构指标包括：资产负债率、资本化比率、固定资产净值率和资本固定化比率。

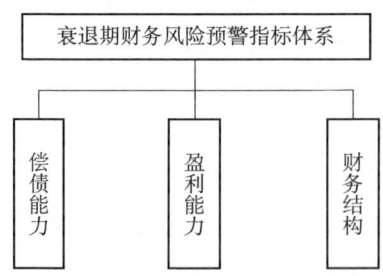

图 5-5　衰退期中小企业财务风险预警指标体系

2. 预警指标标准值和预警临界值的确认方法

(1) 预警指标的类型

根据预警指标的特点可以分为四类：指标数值（实际值）越大越好的，定义为正向型变量，如总资产报酬率、净资产收益率、应收账款周转率等；指标数值越小越好的，定义为逆向型变量，如资本化比率等；指标数值在某一点最好的，可定义为稳定型变量，如流动比率、速动比率等；若在某一区间最好，则可定义为适度最优型变量，如资产负债率等。

(2) 预警指标满意值、不允许值、上下限值的确定

第一，正向型变量。满意值选取的是该行业的平均值，但选择不允许值有所区别：对反映盈利能力的总资产收益率、销售利润率、主营业务利润率和净资产收益率等，其不允许值选为零；对反映偿债能力的已获利息倍数，其不允许值选为1；对反映资产运营状况的总资产周转率、流动资产周转率、应收账款周转率和存货周转率等，其不允许值选取满意值的一半。

第二，逆向型变量。它的标准值确定方法应该与正向型变量的相反，满意值为0，其不允许值为0.3。

第三，稳定型变量。选取在该行业平均值之上再添加10个百分点作为满意值，不允许值的上下限则分别取满意值的一倍和一半。

第四，适度最优型变量。根据该比率的行业平均值，在均值的基础上增加和减少10个百分点作为比率满意范围的上下限，在平均值上增加一倍和减少一半作为其不允许值范围的上下限。

(3) 企业生命周期对预警指标标准值的影响

根据生命周期理论，中小企业的成长阶段可以分为：初创期、成长期、成熟期和衰退期四个阶段。在不同的阶段，预警指标的标准值是不一样的，所以必须要考虑到企业成长阶段的影响，需要根据中小企业不同的成长阶段对预警指标标准值加以修订。

对于整个行业来说，各个中小企业是随机地处于企业成长的各个阶段，我们把行业的平均值作为成熟期的预警指标的标准值。那么如果以成熟期的标准值为基准，初创期和成长期的标准值应该提高10%，衰退期的标准值降低20%。

3. 预警指标权重的确定

权重是各预警指标对总评价目标重要程度的反映。指标权重的确定是财

务风险预警中的重要环节,可以说在某种程度上影响到预警系统功能的有效发挥。目前,学术界对权重的确定主要分为主观赋权法和客观赋权法两种方法。主观赋权法主要是运用专家意见打分法即德尔菲法(Delphi)。该方法是 20 世纪 50 年代初由美国著名的咨询机构兰德公司首先创立的,具有匿名、反馈和反复的特点。在权重确定的实际过程中,需要反复地广泛调查和征求专家意见,并在实践中加以验证。客观赋权法主要采用的是统计方法,包括因子分析法、主成分分析等。该方法的优点在于能够有效剔除不相关指标的影响,保证评价结果的准确性。根据中小企业规模小、管理水平低、信息化程度差的特点,建议使用德尔菲法来确定预警指标的权重。

(1) 基本定义

第一,对于递增的实数列 $\{a^j\}_{j=1}^n$,如果存在实数 M,满足数列中有一半数项不小于 M,有一半数项不大于 M,则称 M 为数列 $\{a^j\}_{j=1}^n$ 的中位数。

第二,若 M 为数列 $\{a^j\}_{j=1}^n$ 的中位数,则小于等于 M 的一半数项的中位数称为数列 $\{a^j\}_{j=1}^n$ 的下四分位数,记为 Q_1;大于等于 M 的一半数项的中位数称为数列 $\{a^j\}_{j=1}^n$ 的上四分位数,记为 Q_2。

第三,对于递增的实数列 $\{a^j\}_{j=1}^n$,如有 $e > 0$,满足 $Q_2 - Q_1 = e(a^n - a^1)$,则 e 称为数列 $\{a^j\}_{j=1}^n$ 的集中系数。集中系数愈小,说明数列愈集中;反之,则数列愈分散。

注意:集中系数 e 通常取 $0.2 \sim 0.5$。

(2) 基本思想与流程

德尔菲法是专家咨询法的一种,是集中多位专家意见的有效方法。德尔菲法在评估中被广泛应用。德尔菲法有以下特征:①由主持人采取保密方式选定若干名专家。②不让专家之间彼此沟通,只由主持人反复征询专家的意见并进行统计。③主持人通过征询—统计—再征询—再统计,反复多次直到集中系数满足要求为止。德尔菲法的流程如图 5-6 所示。

(3) 德尔菲法确定财务风险预警指标权重系数的具体步骤

①编制专家咨询表。即按照评价指标体系把各项评价指标层次、分组列出指标名称、专家咨询权数、需要说明的问题等,并制成表格,请本行业的专家对权重系数直接发表意见,各位专家对每一指标分部确定的权重系数之和必须等于 100。咨询表格式请参见表 5-11。

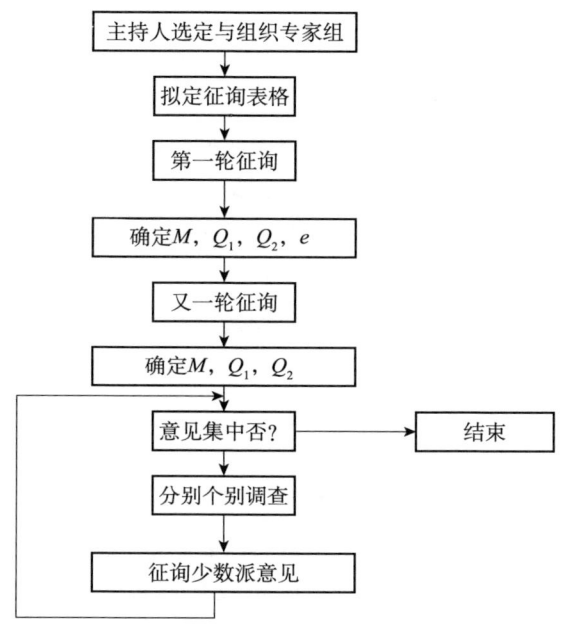

图 5-6 德尔菲法的流程示意图

表 5-11　　　　偿债能力指标权数分配专家咨询表（实例）

组别	分指标名称	范围	权数	备注
偿债能力	流动比率			流动资产与流动负债之比
	速动比率			速动资产与流动负债之比
	资本周转比率			销售收入与股东权益之比
	已获利息倍数			息税前利润与债务利息之比
	现金比率			现金类资产与流动负债之比

②分轮咨询。一般经过三轮咨询后，便告结束。当然，也可少于三轮，如果第二轮之后，专家们的意见已相当一致，离散度不大，或者由于别的原因，不需要再进行下一轮咨询，即可到此结束。经典的分轮咨询如下：

第一轮：将"权数专家咨询表"发给每位专家，咨询表对于权数完全没有框框，是全开放的，允许每位专家进行任何回答。

第二轮：领导小组将第一轮咨询表回收以后，对大家的咨询意见进行统计处理。将统计处理结果作为第二轮的参考数（即反馈沟通信息），并在第二轮咨询表上增加"参考数"（或称"前轮咨询结果"）这个栏目。然后将咨询表发给每位专家，让他们参考反馈信息重新进行判断，填写咨询表。有的专家，如果自己的意见与专家组集体意见（即表中的参考数）有很大的差距,必要时可陈述自己的理由。

第三轮:领导小组将回收的第二轮咨询表做统计处理后,将处理结果填入咨询表的"参考数"栏目,发给每位专家进行第三轮咨询。

收回第三轮咨询表后,计算各位专家对同一指标权重的均值和方差。

根据概率统计理论和大量实验表明,德尔菲法专家咨询意见的概率分布服从或接近正态分布。这是我们对咨询意见进行数据处理的依据。

在权数分配进行德尔菲法专家咨询和数据处理时,一般用算术平均值代表专家们的集中意见,即某评价指标的权数,以专家组对该指标权数打分的算术平均值表示,其公式为:

$$K_i = \frac{1}{n}\sum_{j=1}^{n} P_j$$

式中:K_i 表示某项评价指标的权数,即专家对该项权数打分的算术平均值;n 为参加应答的专家人数;P_j 为第 j 个专家对该项权数的打分值。

为了了解专家们意见的离散程度,可以计算离散系数(变异系数),其公式为:

$$V_i = \frac{\overline{S_i}}{K_i}$$

$$\overline{S_i} = \sqrt{\overline{S_i}^2} = \sqrt{\frac{1}{n-1}\sum (P_j - K_i)^2}$$

式中:V_i 为某项评价指标权数 K_i(算术平均值)的离散系数;$\overline{S_i}$ 为 K_i 的标准差;$\overline{S_i}^2$ 为 K_i 的方差;K_i、n、P_j 同上。

离散系数越小,说明专家们的意见的一致性越高。如果专家们的意见完全一致,例如对某项评价指标的权数打分大家都一样,离散系数则等于0(因标准差等于0)。

4. 预警方法的选择

对于中小企业的财务风险预警,应该认为可操作性、实用性最为重要。首先,由于中小企业获取市场信息的能力比较弱,相比于大企业,其信息获取成本也较高,因此简易的预警模式可以节约信息的收集和加工成本。其次,中小企业的管理人员素质和专业水平相对较差,过于复杂的预警模式不便于其掌握。财务风险预警中比较常用的数学方法是建模法和评分法。建模法所建立的模型精度相对较高,但需要大量的样本数据作为基础。由于我国绝大多数中小企业的规模较小,在众多的中小企业中,也很难取得规范可靠的财务资料,因此建模法并不十分适合中小企业。

评分预警法则是将预警指标用线性关系结合起来,运用指数法的计算来反映企业财务风险的程度。它的突出优点是操作方便,实用性强,有利于风险管理人员做出更加详尽的分析。因此,对于中小企业的财务风险预警一般选择评分预警方法。

本书对中小企业财务风险预警采用的是功效系数评分法。功效系数评分法是指根据多目标规划原理,把所要评价的各项指标分别对照各自的标准,并根据各项指标的权数,通过功效系数函数转化为可以度量的评价分数,再对各项指标的单项评价分数进行加总,据以对评价对象进行总体评价记分的一种方法。该方法对所选定的每个评价指标都规定几个数值:一个是满意值,一个是不允许值及不允许值的上下限值。然后设计并计算各类指标的单项功效系数,在根据各指标值的重要性,运用特尔菲法等方法确定各指标的权数,用加权算术平均值得到平均数,即为该公司的综合功效系数。根据综合功效系数的大小进行财务风险的警情预报。

(1) 单项功效系数的评分

按照上述指标的分型,根据沃尔评分法的规则,确定计算公式见表 5 - 12。其设定原则为:预警临界点的得分为 60 分,分值在其他区间呈近似均匀分布,依次类推。

表 5 - 12　　　　　　　　单项功效系数计算表

指标类型	计算公式（$F=$）	条件
正向型	$[(实际值 - 不允许值)/(满意值 - 不允许值)] \times 40 + 60$	实际值 < 满意值
	100	实际值 ≥ 满意值
逆向型	$[(实际值 - 不允许值)/(满意值 - 不允许值)] \times 40 + 60$	实际值 ≥ 满意值
	100	实际值 < 满意值
稳定型	$[(实际值 - 满意值)/(不允许值 - 满意值)] \times 40 + 60$	
适度型	$\left[1 - \dfrac{(下限值 - 实际值)}{(下限值 - 下限的不允许值)}\right] \times 40 + 60$	实际值 < 下限值
	100	上限值 > 实际值 < 下限值
	$\left[1 - \dfrac{(实际值 - 下限值)}{(上限的不允许值 - 上限值)}\right] \times 40 + 60$	实际值 > 上限值

(2) 综合功效系数的评分

根据各单项指标的功效系数按下面的公式计算出综合功效系数:

$$综合功效系数 = \frac{\sum (单项功效系数 \times 该指标的权重)}{权重}$$

(3) 评分结果分类

根据综合功效系数的数值大小，确定了各类警限的区间后，便可根据表 5-13 所划分的区间，预报警情。

表 5-13　　　　　　　　　　警情判断表

警区	综合功效系统	信号灯颜色	说明
巨警	≤60	红	企业出现财务危机，资产状况恶化
重警	60~70	橙	企业财务风险极高，资产状况较差
中警	70~80	黄	企业财务风险很高，资产状况一般
轻警	80~90	蓝	企业财务风险较高，资产状况良好
无警	≥90	绿	企业财务风险极小，资产状况很好

中小企业风险管理人员根据预警信号灯的颜色显示情况可采取相应的预防与处理措施：①信号灯显示为绿色，则说明正常状态，无须关注；②信号灯显示为蓝色或者黄色，则要采取一定的预防措施，分析风险可能发生的原因，并采取相应的控制措施；③信号灯显示为橙色或者红色，说明风险发生概率很大，需要成立相应的风险管理专家组进行深入分析，寻找风险发生的范围、影响力及其根源所在，并提出相应的防范措施将风险发生带来的损失降到最低。

本章小结

本章设计了基于 AHP 与 FCE 相结合的中小企业财务风险的评估体系以及财务风险控制的评估体系。同时，在构建中小企业的财务风险预警指标总表的基础上，根据不同发展时期的中小企业的具体情况，论述并介绍了中小企业财务风险预警体系的设计及应用。

第六章

中小企业财务风险的反应与控制

第一节 中小企业财务风险的反应策略

在对中小企业财务相关风险的评估完成以后,就要采取相应的管理措施。通常,管理者采取一系列的控制措施(如规避风险、保留风险、降低风险、转移风险等)来管理和限制风险的发生。其中,风险的规避主要是指取消可能产生风险的活动;风险的保留则是指不去干预风险的发生;风险的降低主要是指采取相应的措施去尽可能地降低风险发生的概率或者减小由于风险的发生所带来的影响;而风险的转移主要是指通过与其他企业共同承担或者转嫁的方式来减小风险的影响。对于风险的应对策略的选择,主要的参考依据如图 6-1 所示。

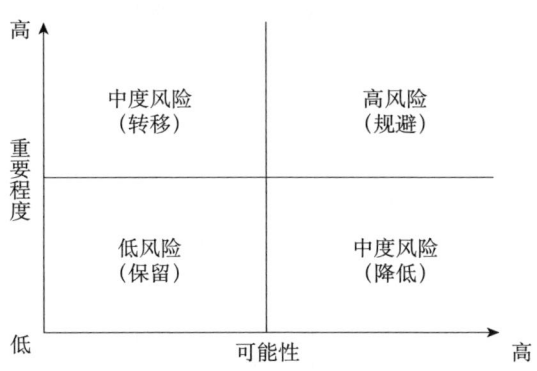

图 6-1 中小企业财务风险应对策略

一、财务风险规避

在通常情况下，中小企业应采取风险规避措施的情况主要有：

1. 发生的可能性以及影响均较大的企业财务风险

较大的财务风险的发生可能对中小企业造成致命性打击，如果其发生的可能性较大，则管理人员必须采取措施进行规避。例如，一些中小企业出于降低成本的考虑，可能在经济危机发生时大量囤积土地，然而，土地的囤积必须有大量的现金流作保证，而同时，大多数中小企业会受到经济危机的影响，现金需求量大增，并且鉴于危机的难预测性，一旦持续时间过长，这种做法可能导致企业现金流发生断裂，从而陷入破产的境地。

2. 企业预期收益远远小于风险发生造成的企业损失

如果中小企业的某项业务带来的收益预期远远小于该业务的风险损失，那么应尽量采取措施进行规避。例如，企业的业务打入一个几乎饱和的市场，这样意味着企业的投资将不会带来有效的收益，从而降低企业的投资效率，这种情况应当尽量避免。当然，如果该企业出于长远利益和战略性发展考虑，有些风险可以承担。

3. 企业对财务风险管理的能力低于风险的复杂度

由于中小企业的风险管理能力有限，对于那些较为复杂的财务风险应当进行规避。例如，对于中小房地产企业来说，如果其业务范围除了房地产开发之外，还有其他的金融或者期货买卖，由于金融期货市场的多变性，在企业缺乏熟悉此行业的人员的情况下，应该避免进入该行业，以免陷入重大的财务危机。

4. 企业的财务风险只会造成损失而不会带来收益

企业的最终目的都是为了获得收益，对于那些不会带来收益，但却引起不必要的风险的业务，要采取一定的措施进行规避。例如，不能购买那些出现财务状况恶化的中小企业的股票。

二、财务风险保留

在通常情况下，中小企业应采取财务风险保留的情况主要有：

1. 中小企业必须经营的业务带来的风险

企业收益与风险往往是同时存在的，中小企业受其业务特点和未来发展的影响，必须从事一些具有财务风险的经营活动，这类财务风险要采取保留措施。例如,中小企业进行新产品和新技术的研发所带来的财务风险;银行开展贷款业务所承担的风险等。

2. 中小企业财务风险保留所带来的收益大于所消耗的成本

中小企业业务的开展可能引起某些财务风险,这类财务风险的保留收益大于保留的成本。这样,尽管承担此类风险需要付出一定的代价,但是该业务带来的收益在弥补成本的同时还有利润,这类风险应当保留。

3. 对中小企业未来发展具有重要的战略意义的财务风险

中小企业每一次的投资都存在风险,当对未来战略发展具有重要意义的投资机会出现时,尽管面临财务风险,这种财务风险应该保留。例如,中小企业投资新产品,如果经过仔细研究论证,发现风险发生的概率较低,这时,虽然有失败的可能,但仍然要进行投资,这将有利于扩大该企业在这个市场的占有率,有利于其未来发展。

4. 难于避免但损失较小的财务风险

中小企业面临某些预期损失较小的财务风险时,如果其发生的概率很大,难于避免,则该风险应当保留。

5. 出现的概率较低且影响较小的财务风险

中小企业面临某些预期损失较小的财务风险时,而且其发生的概率也很小,则该风险也应当保留。

6. 易于管理与掌控的财务风险

如果某种财务风险对某些企业来说经常发生,而且该中小企业在控制这种风险的能力上很强,完全可以将其顺利化解,这时应该采取保留,因为其存在不会造成损失。

三、财务风险转移

通常情况下,中小企业财务风险转移的方式有以下三种:

1. 风险保险

通过购买保险,可以将企业的不可预见的意外事故所造成的财产损失和人员伤亡损失进行转移。

2. 风险分散

在进行证券投资或者其他风险投资的过程中,通过不同类的组合进行多样化投资,这样可以有效分散转移投资单个产品的不确定性带来的财务风险。

3. 风险对冲

在金融市场中,对冲一般是指交易在未来可以消除或转移某个市场的金融工具。中小企业实行风险对冲是为了转移价格变动而采取的减小自身风险的手段,主要利用了对冲交易的套期保值功能来转移价格风险。

四、财务风险降低

降低中小企业的财务风险,即从规章制度、决策组织以及管理控制方面对客观存在的财务风险提前防控。这里主要有两层含义:一是提前控制可能引起财务风险的决定性因素,降低发生的概率;二是降低企业财务风险的发生频率和影响程度。

降低财务风险主要的方法包括:

①提前预测,如提前进行相关债务人的信用评级以及进行贷款利率的预测等;

②针对同一业务提供多种执行方案,采用相机替代机制进行选择,选取风险较低并且效益较好的方案实施;

③提前调研,在进行新产品的研发以及新市场开拓之前,可以事先进行调研,以充分掌握市场的现状和未来的发展情况;

④在技术方案实施之前,进行相关模拟,获得第一手实验材料,并针对可能发生的问题提前做好预防与安全防护措施;

⑤运用风险分散机制,即中小企业在进行投资之前,要进行多方面考察,并采取多个领域多个种类的项目同时投资,从而降低单一项目投资的不确定性带来的财务风险。

中小企业在选择财务风险的处理方案时,要充分结合该企业的风险控制与管理水平,以及企业的经济与外部环境等实际状况,通过权衡比较最终确定。

第二节　中小企业财务风险的控制策略

一、筹资风险的控制

中小企业在发展过程中,经常要通过必要的筹资,以发展壮大企业规模。筹资风险管理即在筹资风险与筹资收益之间进行优化与权衡。筹资风险管理的常用手段包括：第一，合理运用筹资手段，控制债务规模；第二，合理安排资金的投入与使用，提高企业的资金流动效益；第三，建立合理的资金偿还机制，增强中小企业财务的抗风险能力。

1. 对筹资效益进行分析预测

进行筹资成本效益分析是中小企业筹资前必不可少的环节。它是针对不同的方案进行分析，选定筹资成本相对较小、效益相对较大的筹资方案。中小企业要根据筹资成本合理安排，从而实现筹资成本的节约。计算综合资金成本率的公式为：

$$综合资金成本率 = \sum 某种资金来源所占比重 \times 该项资金来源的资金成本$$

然后，结合计算的各个综合资金成本率的差异，选择其最小的筹资方式，同时，还应该综合考虑利润率以及投资回报率来合理安排，以便获得较大收益，实现财务风险的有效控制。

2. 对企业筹资方式、还款期限以及资金结构进行确定

（1）选择合适的筹资规模与方式

在进行筹资决策时，中小企业要对备选的筹资方案进行对比分析，详细考察各方案的优缺点，如确定发行时间、筹资规模、筹资对象以及相关利率等。同时还要对还款计划进行研究，这些因素将严重影响筹资的效果，选择适当的筹资方案将有效降低中小企业的筹资风险。

（2）选择合理的还款期限

还款期限的长短将在很大程度上影响中小企业发展和企业财务风险的发生与否，如果还款期限过长，或导致利率的增加，从而增加企业的资金成本，如果期限过短，将可能导致企业资金周转问题的发生，严重的还可能使中小企业陷入财务危机，因此要根据预期的核算确定合适的还款期限，降低企业损失与风险发生的概率。

（3）选择合理的资金结构

为了提高筹资的有效利用率，减小企业的筹资风险，中小企业要结合自身的资金成本比率和资产负债率等基本的资金财务状况，确定合理高效的资金结构。

3. 对企业的借款额度进行确定

中小企业在发展过程中通过借款投资可以有效促进企业规模和业务的发展壮大。但是，如果借款额度控制不当将会使企业陷入困境。一般情况下，

当企业的投资收益大于成本时，借款比较安全。中小企业通常结合自身的税息前盈余和每股收益来确定负债比例，同时也要考虑企业的投资周期、筹资能力和变现能力以及行业特点等。中小企业通常用来衡量筹措资金的使用期限的指标主要有：

(1) 流动比率 = $\dfrac{流动资产}{流动负债}$

流动比率如果偏低，说明该企业财务存在较大风险；如果偏高，说明该企业有多余资金闲置，借款额度过大。广泛认可的流动比率为2。

(2) 速动比率 = $\dfrac{速动资产}{流动负债}$

速动比率则主要表明企业的短期偿债能力，广泛认可的速动比率为1。

(3) 负债资产比率 = $\dfrac{负债}{资产净额}$

负债资产比率主要反映财务风险的大小，比率过高，说明举债过多。该项指标要控制在一定的范围。

(4) 长期资产适合率 = $\dfrac{长期负债 + 股东权益}{长期资产}$

通常，长期资产适合率要控制在1左右，从维护企业财务结构稳定和长期安全性角度出发，该指标值较高比较好，但过高会带来融资成本增加的问题，说明长期资金过多，可以进行短期投资；如果过低，说明长期资金存在短缺，要调用部分短期资金投入固定资产。

一般情况下，负债经营的中小企业要树立并保持良好的企业信誉和企业形象，这主要体现在企业对于负债的综合偿还能力上。通常采用借款临界点来反映中小企业的还款能力，企业的实际情况如果超出了这个范围，就需要支付较重的利息，而且企业的还款能力也会出现问题。

4. 结合企业的外部环境，拟定合理的筹资方案

上述讨论的三个方面均是与企业的自身因素相关，而企业的外部环境也是影响企业筹资决策的重要因素。通常，当企业所处的市场环境较好时，加大借款力度可以有效增加企业的业务投资，并且可以获得较好的投资收益，有利于企业的发展；而如果经济发展停滞不前，市场环境处于紧张时期，此时就不适宜扩大借款并加大进行投资的力度，否则企业容易陷入亏损。

因此在进行决策之前，要充分考虑企业的内外部情况，使企业的筹资风险与收益达到一定的平衡。

二、投资风险的控制

中小企业在选定好投资计划以后,要充分考察企业自身的状况和外部投资环境,掌握风险的种类和各类风险发生的概率,并且针对不同的风险,采取不同的控制与预防措施,主要包括:一是进行必要的可行性研究,对投资的预期效益进行全面分析;二是在投资的产品种类选择上,进行多样化投资;三是合理协调企业的经营计划和还款计划;四是加强企业的形象管理,增强企业的信誉度;五是采用风险回避等一系列措施,控制风险的发生概率以及影响的程度。

1. 提高中小企业的投资与决策水平

中小企业在投资之前,要全面掌握项目信息,对其实施的可行性、项目周期与盈利水平等进行科学论证,争取将资金用到效益相对较好的项目上,从而提高投资收益率。因此,对于项目管理与决策部门的决策能力有一定要求。通常情况下,用来衡量项目投资的决策因素包括:

(1) 投资回报率

它主要体现中小企业资金投资的收益情况,可以比较各投资方案的优劣情况。投资回报率 $= \dfrac{\text{年平均利润}}{\text{投资总额}} \times 100\%$。

(2) 净现值(NPV)

NPV 是指期望的净现值,它主要反映中小企业投资方案的可行性大小。其计算方法是期望效益现值与投资额现值之差。

(3) 风险程度

风险程度主要用来衡量中小企业投资风险的大小,用实际效益的标准差来衡量,标准差越大,说明偏离程度越高,风险越大;反之,则说明该项目投资的风险越小。

2. 强化中小企业风险管理与控制意识

通常情况下,投资回报率越高的项目风险越大,而风险小的项目投资回报率低。因此,中小企业要根据自身财务以及本行业的特点,将高风险项目和低风险项目结合起来投资,这样可以有效实现部分盈亏平衡,从而达到降低风险的目的。而作为中小企业的相关管理人员,也要有敏锐的风险洞察能力和忧患意识,要主动去预测和控制风险,尽量做到避免和转移风险。

3. 提高中小企业对项目投资的管理水平

中小企业的管理与决策人员在对项目投资进行管理的过程中，要严格控制资金的投入速度和投入量，避免出现超支与盲目扩大规模的情况，努力提高资金的运作效率，将资金投入的风险降到最低，实现投资效益的最大化。常用的项目资金管理的有效方式为偏差分析，也就是在项目投资进展过程中，管理人员要不定时进行效益考核与对比，根据相关指标的预期值与实际值相比较，分析导致偏差出现的原因，同时提出相应的纠正措施，进行风险的有效防控。

三、资金回收风险的控制

中小企业资金回收风险的管理与控制主要是对风险损失的管理与控制，其主要包括：

1. 建立销售人员业绩考核体制

中小企业要结合自身情况建立相对完善的销售业绩考核制度，其主要的参考指标要以无不良应收账款为主，为了避免销售人员只顾及个人业绩的提升而盲目销售，在考核制度上要体现资金的回笼和周转情况，各销售人员全面负责自身的销售业务的全过程，强化其风险意识，进而提高中小企业的资金运转效益。

2. 建立中小企业赊销良性机制

中小企业在与客户开始赊销合作之前，要深入考察客户的相关财务状况与信誉度，对客户的还款能力进行评估与审核，从而降低中小企业的投资回收风险。本书推荐应用5C分析法对客户的资信情况进行分析。

5C分析法最初是金融机构对客户进行信用风险分析时所采用的专家分析法之一，它主要集中在借款人的道德品质（character）、还款能力（capacity）、资本实力（capital）、担保（collateral）和经营环境条件（condition）五个方面进行全面的定性分析，以判断借款人的还款意愿和还款能力。由于这5个方面的英文单词开头第一个字母都是c，故称"5C"分析法。

（1）品质（character）

指顾客或客户努力履行其偿债义务的可能性，是评估顾客信用品质的首要指标，品质是应收账款的回收速度和回收数额的决定因素。因为每一笔信用交易都隐含了客户对公司的付款承诺，如果客户没有付款的诚意，则该应收账款的风险势必加大。品质直接决定了应收账款的回收速度和回收数额，因而一般认为品质是信用评估最为重要的因素。

（2）能力（capacity）

指顾客或客户的偿债能力，即其流动资产的数量和质量以及与流动负债的比例，其判断依据通常是客户的偿债记录、经营手段以及对客户工厂和公司经营方式所做的实际调查。

（3）资本（capital）

指顾客或客户的财务实力和财务状况，表明顾客可能偿还债务的背景，如负债比率、流动比率、速动比率、有形资产净值等财务指标等。

（4）抵押（collateral）

指顾客或客户拒付款项或无力支付款项时能被用做抵押的资产，一旦收不到这些顾客的款项，便以抵押品抵补，这对于首次交易或信用状况有争议的顾客或客户尤为重要。

（5）条件（condition）

指可能影响顾客或客户付款能力的经济环境，如顾客或客户在困难时期的付款历史、顾客或客户在经济不景气情况下的付款可能。

企业掌握客户以上5个方面的状况后，基本上可以对客户的信用品质进行综合评估了。对综合评价高的客户可以适当放宽标准，而对综合评价低的客户就要严格信用标准，甚至可以拒绝提供信用以确保经营安全。关于客户以上五个方面的信息可以从企业自身获取，总结企业以往跟客户交易的经验，从主观上对客户的信用品质做出判断；也可以从企业外部获取，由企业管理人员亲自对客户进行调查，广泛收集有关信息，上门登记来取得直接信息；也可以通过专门的信息机构或是从其他企业对该客户的评价获取间接信息。通过对客户进行信用等级管理，企业可以对不同信用等级的客户投入不同的人力和物力，采取不同的服务方式和给予不同的信用额度，促进企业销售额的增长和信用风险的降低，同时也可为公司积累一批优质的客户。

除对客户的情况进行事先的了解和分析以外，也可以在事中和事后通过以下途径来约束相关赊销客户的还款行为：

①进行赊销担保。中小企业可以与客户签订相关的赊销协议，并要求客户在协议中提供赊销担保，如果在规定期限内没有还款，要求客户承担相应法律责任。

②进行条件约束。中小企业在和赊销客户签订的协议中，可以附加提出相关产品的所有权限定，在客户没有偿清所有货款的情况下只能拥有相关产

③进行定金预付。中小企业可以要求赊销客户支付一定比例定金，定金的比例可以根据相关客户的信誉度来确定，这样可以减低货款拖欠的风险。

3. 建立坏账准备金制度

中小企业在与赊销客户进行交易的过程中，难免遇到由于历史原因或者客户自身财务出现问题而拖欠账款的情况。因此，为了减少由于坏账引起的利润虚增，提高抗风险能力，中小企业要根据每次赊销的资金量，提取相应的专项资金作为坏账准备金，用以在坏账出现时进行及时弥补。

4. 建立信用保险机制

为了减小因意外坏账带来的财务风险而导致的损失，中小企业可以申请办理应收账款的信用保险，这类保险仅用于对意外坏账带来的损失进行理赔，一般是由保险公司根据中小企业自身的基本状况设定相应的保险生效金额，当企业损失超过这个金额时，理赔生效；而当损失没有达到这个金额时，则认为是正常损失。中小企业可以根据自身可以承受损失的大小、参保成本以及坏账发生的可能性大小等来决定是否参保。

5. 建立欠款抵押或让售机制

中小企业可以通过金融机构来抵押应收账款，将其变现来维持企业的资金流动，当赊销客户偿清欠款时，再归还给金融机构，如果客户无法偿还欠款，则企业必须偿还金融机构的借款，由此产生的责任由中小企业承担。而欠款的让售则是中小企业将其欠款让售给其他公司或企业，取得资金，此时购方企业拥有债务的所有权，同时也承担债务所带来的风险。

6. 建立债权重组机制

中小企业通过相应的债权重组，不但可以在一定程度上追回拖欠的款项，也可以帮助客户克服暂时的资金困难。通常情况下，进行债权重组的方式包括：

①资产冲抵，即通过债务人的固定资产、无形资产或者存货等非现金资产进行冲抵。

②更改条件，即通过更改还款条件，包括更改还款期限、还款利息等来减轻债务人的还款压力。

③折算股权，中小企业可以向债务人提出要求，将其欠款根据一定的规则转化为对债务人的股权投资，这也是一种投资方式。

以上各方式，在不违反国家相关规定的情况下，可以只用其中之一，也可以交叉或组合使用。

四、收益分配风险的控制

中小企业在取得一定投资收益后，要对其进行分配。因此，要建立一套完善的利润分配体系，同时要充分结合中小企业自身实际情况，进而降低分配风险。

1. 全面分析利润分配的影响因素，减小中小企业利润分配风险

中小企业利润分配的影响因素主要有：

①股东的影响。中小企业的股东是利润分配的主体，其主要的影响因素包括收入的稳定性以及控制权的管理。

②中小企业自身发展的影响。中小企业自身的资产流动、投资机会以及盈利的稳定性。

③其他相关影响因素。主要是指中小企业外部环境的影响，主要包括通货膨胀的变动，社会经济发展情况以及股票走势的影响，等等。

对于以上这些影响因素，中小企业应该根据自身的发展需要，寻找有利于自身发展的机会，将其不利因素导致的危害性降到最低程度。

2. 制定完善的股利政策

（1）统筹考虑中小企业的现实发展与经营情况

处于不同发展阶段的中小企业应该采取不同的分配政策，同时要紧密结合中小企业自身的财务指标来安排。具体情况如表6-1所示。

表6-1　　　　　　中小企业不同阶段的利润分配政策

发展阶段	经营特点	适合的股利政策
初创期	中小企业经营风险高，融资能力差	剩余股利政策
快速发展期	产品销量急剧上升，需要进行大规模的投资	低正常股利加额外股利政策
稳定期	产品销售收入稳定增长，市场竞争力增强，行业地位已经巩固，中小企业投资需求减少，净现金流入量稳步增长，每股净利润呈上升态势	固定或持续增长的股利政策
成熟期	产品市场趋于饱和，销售收入难以增长，但盈利水平稳定，中小企业通常已积累了相当的盈余和资金	固定股利支付率政策
衰退期	产品销售收入锐减，利润严重下降，股利支付能力严重不足	剩余股利政策

（2）注重企业的盈利能力

中小企业在制定利润分配政策时，要根据以往的经验和相关的财务指标

来分析企业的盈利能力，并且预测未来投资的盈利情况。对于盈利能力强的中小企业，要适当减少当年的利润分配，争取更多的资金进行下一轮投资；对于盈利能力较差的企业，要适当增加当年的利润分配比例，这样可以增加股东的投资信心。

（3）结合当前的投资机会

中小企业利润分配在考虑企业发展规模与发展阶段的同时，还要兼顾当前的投资机会以及投资的风险和收益。如果当前市场前景良好，投资机会较多，同时投资风险可控，那么就应当将更多资本进行再投资，这就需要适当减少当前利润的分配；如果当前市场机会较少，而且投资回报率相对较低，那么就可以适当增加股东的利润分配，从而提升股东信心。因此，中小企业在制定利润分配政策之前，可以通过一些财务指标的测算来分析当前市场情况，为其分配政策的制定提供依据。

中小企业在进行利润分配时，要从企业自身的发展、企业股东利益的维护以及企业的外部环境影响等多方面进行考察分析，从而减小利润分配的风险。

第三节　中小企业财务控制体系的完善

中小企业完善财务控制体系的对策主要有：

一、加强企业内部控制环境建设

1. 加强企业文化建设

企业的财务控制在一定程度上表现为通过控制人来控制企业的业务活动，因此，中小企业应当通过建立良好的以人为本的企业文化来优化企业的内外部工作环境，从而影响企业的管理者与员工，进而有利于企业财务控制。随着企业和社会环境的不断发展，中小企业要逐步淘汰旧的落后的企业文化，发掘新的符合企业发展特色的管理理念与思想，这样才有助于顺利实施企业财务控制。

2. 改善中小企业组织结构

良好的内部环境能够保障财务控制活动的有效开展。目前中小企业内部环境存在管理权力集中、组织结构不完善、职位权责不清晰、内部控制制度不健全等问题，这些问题都制约着财务控制的有效开展。为了改善内部控制环境，公司要考虑自身的发展状况以及行业特点，保障部门之间的信息传递与交流，明确内控部门对企业各部门的有效监控；要不断优化企业的组织结构，设立相应的外部董事，形成内外董事相结合的管理体系，通过比例的控制，既保证内部董事的绝对控制权，同时也使外部董事具有相应的控制力和约束力；要不断优化财务管理人员结构，定期开展财务管理人员技能培训，重视财务人才的培养；需要设立独立的内部审计部门，对企业运营起到较好的监督作用。

二、构建企业内部部门控制管理体系

中小企业在选择财务风险控制策略的同时，需要构建有效的企业内部部门控制管理体系，具体的方法如下：

1. 实行实物资产控制

要实现内部风险控制中对实物资产的控制，首先应建立一套完整的企业资产管理制度，对实物资产的购入、领用、处置等环节做出详细的规定；其次，委派专人对实物资产的出、入库等情况进行管理和登记，定期盘存，时刻准确把握资产动态；最后，未经批准，严格限制其他人员对企业的实物资产进行控制和占用。

2. 实行会计系统控制

我国对中小企业内部控制的监管，随着市场经济的快速发展而逐渐完善。在会计系统控制方面，首先，各中小企业应参照《中华人民共和国会计法》《会计基础工作规范》等法律法规建立一套属于自己本企业的管理规范和监督制度；其次，加强财务管理和会计监督，充分发挥会计系统的控制职能，将有关的法律法规认真地贯彻到会计凭证、复式记账、会计账簿、会计报表及其财务成果等各项会计业务中去；再次，提高会计信息质量，优化会计业务流程；最后，提高会计人员整体素质，牢固树立会计人员服务意识，加强财会组织自身建设。

3. 分权管理与审批控制

中小企业与大型企业不同，其规模小、人员少、资金少，管理方式也简单粗放，这些特征决定了其难以实现人员的专门化、精细化分工，因此岗位职责不明确，员工身兼数职等现象在中小企业中屡见不鲜。然而这种情况最易造成企业管理上的混乱，加大了企业的内部风险。解决这一问题的最好途径就是分权管理与审批控制。随着中小企业的发展壮大，企业主无法具体参与到企业的每一项生产经营活动中去，因此，对企业员工进行合理的分工，并规定相应的岗位职责，可以最大限度地降低员工徇私舞弊的可能性。同时，建立规范的内部审批控制制度，通过严格的审批和授权程序达到各部门和岗位之间相互监督和制约的作用。

4. 健全财务预算控制体系

建立健全的财务内控体系，加强资金管理，必须要构建从基础核算到各流程管理的预算控制体系。具体来看，可从以下五个方面做起：

①构建现金管理体系，保障企业资金能够顺畅流通，确保企业能够在现金持有量充足的基础上提高资金流通速度，规避资金积压无法满足实际预算需要的问题；

②构建完善的投资制度，规范整个投资程序，使投资资金预算符合实际项目建设需要，进而提高投资决策效率，增强财务管理水平，增加企业实际经营效益；

③不断完善现行的筹资方式，突破传统单一化的融资渠道限制，实现财务预算的多方面融资需求，进而提高资金管理效率；

④构建企业资金统一管理机制，并确立资金活而不乱的循环制度，方便企业财务就某个经营项目进行财务预算，从而实现财务的内部预算控制；

⑤结合需要与节约原则，构建资金需要量的确定方案，实现内部资金与外部资金双重融合需要，从而实现资金的有效管理。

5. 建立完善的监督考核机制

建立健全的财务内部控制体系，要确保财务人员具备高度专业化的财务工作能力，尤其是在家族式小型企业当中，企业财务部门成员往往比较少。只有确保其具备高度专业化财务工作能力，才能确保财务内控体系得以完善。具体来看，中小企业可采取以下几项举措：

①建立并贯彻落实财务监督机制，定期对财务人员的财务内控工作进行客观评价，并给出相对应的完善措施；

②建立考核机制，定期考核财务人员，对符合考核标准的财务人员给予适当的奖励，对不符合考核标准的财务人员给予适当的惩罚，并剔除严重懈怠者；

③建立培训机制，以季度或年度为一个阶段，对财务人员进行系统性的

财务内控培训,并在培训后要求培训者做好相关总结;

④强化企业的内部审计监督机制,对内部控制进行合理检查;

⑤建立财务内控系统,对财务管理进行定期评估,明确该系统的执行成果,以提高财务内控效率。值得注意的是,在构建监督考核机制时,要具体到每个岗位职责上,以全面提高整个财务部门的财务内控效率。

三、强化财务战略控制

中小企业的财务控制不但要符合企业的自身情况,而且要与当前以及未来的经济环境紧密联系,例如技术更新加速、市场经济发展加快等。对于处于生命周期不同阶段的中小企业,要采取不同的财务控制措施。如果中小企业还处于起步的发展期,那么企业就应该重视市场营销,占领相关市场,在财务上表现为迅速扩张战略;而如果中小企业处于衰落期的,就应当将衰退的产品逐步退出市场,在财务上表现为收缩战略模式。

强化战略财务控制对中小企业的管理者提出了很高的要求,首先必须要提高中小企业管理者的财务内控及财务管理意识,增强管理者的财务内控理念。换言之,只有企业管理者明确了财务内控方向,对财务部门做好正确定位,明确财务控制功能,才能更好地实现财务控制,完善企业的内控体系。对此,管理者应做到:

①根据企业当前的发展实情,制定企业长远发展的财务规划,避免财务投入过分聚焦企业的短期效益;

②对每个经营项目要事先做好效益评估,不以现有的短期亏损否定项目可取得的丰厚利润;

③建立严格的惩治制度,引导全体管理者落实财务控制要求,提高各部门人员的财务规范化意识,规避资金挪用现象;

④突破传统家族式财务内控局限,树立企业经营权与所有权相互分离的观念,完善财务控制体制,进而提高财务内控效率。

只有领导者首先建立了严谨的财务内控意识,并将财务内控意识应用到企业管理中,才能有效提高财务内控效率,实现财务经营目标,增加企业经营效益。

四、实施全方位协调与控制

由于中小企业财务的重要性、复杂性和多变性,因此要实行财务动态控制。随着网络技术和电子商务的发展，网络财务控制系统的应用也日益广泛，通过网络将各个职能部门联系起来，进而有利于中小企业信息流的共享与统一，从而有利于生产经营和组织管理的统一化处理，实现全局掌控与优化，提高中小企业的资金利用效率，同时也使中小企业的股东更加及时全面地了解企业财务和其他方面的变化，并参与相关决策。

随着时代的进步，未来企业财务部门职能将变成提供决策支持、提供深入价值链的业务支持、降低财务运行成本，财务共享将成为一种趋势。财务共享服务是一种将分散于各业务单位、重复性高、易于标准化的财务业务进行流程再造与标准化，集中和整合到财务共享服务中心统一进行处理，以促进企业集中有限的资源和精力专注于自身核心业务，创建和保持长期竞争优势，并达到降低成本、提升客户满意度、改进服务质量、提升业务处理效率目的的作业管理模式。在这一模式下，财务控制将深入企业价值链的每一个环节，随时随地全面协调和控制将成为可能。

本章小结

本章首先讨论中小企业财务风险的四种反应策略——规避风险、保留风险、降低风险、转移风险等；其次，分别分析了筹资风险、投资风险、资金回收风险与收益分配风险的控制策略；最后提出了完善中小企业财务控制体系的策略。

第七章

中小企业财务风险的信息系统、沟通与监控

第一节 信息系统与沟通

一、信息系统

信息系统是指企业利用计算机和通信技术，对内部控制进行集成、转化和提升所形成的信息化管理平台。信息系统是中小企业掌控与管理财务风险的一个有效途径，其主要作用是处理企业的信息资料。中小企业外部信息资料主要有：行政与立法机关的文件、市场经营的基本信息以及外部竞争与合作的相关资料等。中小企业的内部信息资料主要有：企业的市场经营状况信息、客户资源信息等。对信息系统的高效利用将有利于中小企业及时准确地掌握与企业有关的内外部信息，从而为管理人员的决策提供必要依据，并适时进行改进。

一个良好的信息系统必须做到：

①与企业的发展运行情况有效结合。企业必须根据自身情况结合组织架构、业务范围、地域分布、技术能力等因素，制定信息系统建设整体规划，加大投入力度，有序组织信息系统开发、运行与维护，优化管理流程，防范经营风险，全面提升企业现代化管理水平。

②有完善的信息支持与决策处理能力。企业应当将生产经营管理全部业

务流程、关键控制点和处理规则嵌入系统程序，实现手工环境下难以实现的控制功能。中小企业可以采取自行开发、外购调试、业务外包等方式建立信息系统。选定业务外包方式的，应当采用公开招标等形式择优确定。选择自行开发的，在开发过程中，应当按照不同业务的控制要求，通过信息系统中的权限管理功能控制用户的操作权限，按照不同业务的控制要求避免将不同职责的处理权限授予同一用户。企业应当针对不同数据的输入方式，考虑对进入系统数据的检查和校验功能。避免后台操作系统数据，对于必需的后台操作，应当加强管理，建立规范的流程制度，对操作情况进行监控或者审计。

③企业信息发布与更新及时准确。在保证信息的及时发布与更新的同时，避免企业形成信息孤岛、重复建设、资源浪费。企业应当根据业务性质、重要程度、涉密情况等确定信息系统的安全等级，建立不同等级信息的授权使用制度，采用相应技术手段，实现信息系统运行安全有序。企业应当建立信息系统安全保密和泄密责任追究制度。委托专业机构进行系统运行与维护管理的，应当审查该机构的资质，并与其签订服务合同和保密协议。

企业信息的真实有效性是目前我国中小企业财务风险管理面临的重大问题，很多企业为了保证自身利益，常常发布虚假信息，为信息管理系统的运行带来风险或隐患。因此，为了实现风险预防与处理的及时响应与有效处理，中小企业应当建立标准化的信息管理系统，以实现信息的真实、有效、及时，从而使各部门的沟通及时有效。同时，中小企业信息管理系统要做到高度集成，不但要实现企业内部共享，也要做到与外部相关企业之间的沟通协调，在建立友好的伙伴关系的同时，为客户提供优质服务。

二、沟通

便捷有效的沟通是中小企业财务风险管理的重要组成部分。由于企业内部各部门的工作职责不同，同时各部门之间也存在合作，企业风险的有效控制与管理是企业的管理目标，需要各部门的协调与合作，需要建立各职能部门沟通的结构与体系，保证在沟通过程中信息的真实有效。同时，中小企业在与外部企业的合作过程中，也要建立相关的沟通交流机制，从而为企业获取相关信息提供有效的途径与平台，使企业管理人员可以根据各方面的信息掌握企业所面临的风险情况，更好地提出应对措施。

建立一套适合自身发展的信息交流、处理与反馈的机制与程序是中小企业实现企业内部与外部交流沟通的基本条件。同时要保持与企业财务风险相关方的有效沟通，关键应把握以下几个方面：

①中小企业内部高层管理人员和董事能及时了解重要的业务发展与财务风险信息。无论是董事长、总经理，还是财务总监、财务经理，都必须有沟通的意愿，使员工相信领导真正想了解问题并采取有效措施来解决问题。如果下属觉得领导没有时间和兴趣来解决他们发现的问题，那么，沟通的渠道就被堵死了，企业的业务发展和财务风险信息也就无从获取。

②企业员工熟悉其各自的责任与义务，了解相关政策。企业中的每一个人都应了解与内部财务控制风险管理相关的内容，知道自己在这一制度中的角色与责任。

③风险发生时，保证相关信息通告的真实性和及时性，按时准确地向相关监督机构提供所需信息。建立信息有效传递和反馈的渠道，并采用相互制衡、内部审计监督等措施来确保信息传递和反馈的真实性。与此同时，建立信息传递和反馈中的保护条款，保护和鼓励对本单位违反财经法规事项的检举揭发行为。

④及时掌握经济发展与市场经营状况的信息，对于高层管理者做出的决策，应及时有效地执行。中小企业在进行信息的有效沟通的过程中，要注意相关信息的保密性，在进行重要信息发布时，要通过授权和审批，同时还要做好发布记录。

信息沟通不仅包括单位内部的信息沟通，还包括与外部的信息沟通。例如，商业银行与客户的信息沟通，及时发现客户贷款的使用情况以及潜在的还款风险，从而将还款风险降低到最低限度。再比如，通过与客户沟通，及时了解客户的资信、财务状况，为对客户的信用评级、销售策略和货款回收方案的调整提供可靠的信息。

第二节 中小企业财务风险的监控

中小企业的财务风险监控主要是通过必要的管理方式对企业的财务风险进行预防和监督。监控机制指利用所掌握的信息来监督各项控制措施的执行，从而保证目标的实现。监控不仅包括内部检查、内部审计和相关部门及人员间的相互制约，还应包括利用政府部门、社会监督机构对本单位的内部会计控制系统进行评价和检查，从而发现并纠正偏差，保证内控目标的实现。

一、日常经营中的监督

1. 经营中的相互监督

经营中的相互监督是指中小企业内部各部门、各岗位利用控制机制中的相互制衡措施和信息的传递与反馈来发现问题、纠正错误，保证内部会计控制系统的正常运行。当将经营报告和财务报告结合并用于管理持续经营的经济活动时，重大的差错和与预期目标相背离的例外事项就会被迅速发现。例如，单位销售、采购、购买部门的经理由于置身于经营活动之中，凭他们的经营知识就能迅速对有问题的报告提出质疑。

2. 内部审计监督

企业的内部审计是指由企业内部的审计部门和审计人员，根据相关国家法律法规，采用专门的程序和方法，对企业内部的各类业务及经济活动进行审核、监督、评价，从而达到确保本企业内部经营安全，为本企业的各项决策献计献策、保驾护航的作用。内部审计既是会计控制的重要方式，也是对会计控制程序与方法的实施情况进行连续监督的重要手段。通过审计委员会和审计部门对内部会计控制系统的运行情况进行适时监督，及时发现会计控制系统运行中的偏差，提出消除偏差的建议。

目前，我国中小企业的内部审计普遍存在以下几个问题：

（1）内部审计职能弱化

我国对企业的监管主要是通过对企业的内部审计和外部审计来实现。通常来说，外部审计包括政府审计和社会审计，政府审计往往只针对国有大型和中型企业，而对于业务量小、数量庞大的中小企业来说，政府审计通常无暇顾及，而社会审计更是熟视无睹。因此，面对外部审计的缺失，中小企业要想较好地实现企业内部控制，内部审计就显得尤为重要。

但是，由于中小企业的经营者对内部审计的重要性认识不足、审计人员专业水平不高，致使目前我国中小企业的内部审计工作往往浮于表面，缺乏解决问题的实际措施和后续跟踪，这就不可避免地造成了中小企业内部审计职能的弱化。

我国中小企业内部审计职能的弱化主要表现在以下几个方面：①内部审计范围狭窄。内部审计作为实现内部风险控制的重要途径之一，其发展程度及完善程度对中小企业内部风险控制的影响巨大。就目前来看，随着我国市场经济的快速发展，中小企业规模不断扩大，内部审计在中小企业中的应用范围也在不断延伸，然而，这种内部审计却难以深入到中小企业生产经营的各个环节中去。②审计内容也比较单一，往往以财务审计为主，审计对象主要是财务报表、财务凭证等。③从内部审计的空间范围上来说，也只是涉及事后审计，基本没有事前审计和事中审计。总体来看，这样的审计空间难以满足内部风险控制对审计的要求，对企业内部风险的控制就更难以达到预期效果。

（2）内部审计独立性不强

中小企业审计工作的随意性很强，这与中小企业内部结构存在有千丝万缕的联系，现阶段中小企业内部审计工作中最为突出的问题就是审计独立性不强，主要表现在：①中小企业的所有权和经营权相对集中，企业的经营管理中处处体现出企业主的个人意愿，这对实现独立审计是十分不利的。②现阶段我国中小企业大多为民营企业，这种民营的中小企业在其内部经营管理上往往处处体现出家族式管理的色彩，这种复杂的人际关系和管理模式使审计工作无法正常开展，独立性更加无从体现。③许多中小企业由于其规模小、人员少、业务单一，往往不设置审计部门和审计人员或是缺少相对完善的审计流程，这在一定程度上也影响到了内部审计的独立性。④受利益的驱使，一些中小企业的经营者在面对企业利益和管理规范之间的矛盾时，内心的天平往往会偏向利益，这就更加阻碍了内部审计独立性的实现。

（3）内部审计定位不明确

审计定位不准确也是导致中小企业内部风险控制效果不明显的重要原因之一，其主要表现在以下方面：①对审计工作的定位主要侧重于对企业财务工作进行审计，这种状况除反映出审计工作侧重点过于单一，同时也暴露出这种审计定位存在较大弊端。这种状况的产生与我国审计工作的发展现状和内部风险控制理论研究的现状不无关联。就目前来看，我国对审计理论的研究还处于发展阶段，审计工作的重心仍停留在社会经济发展早期阶段，这一时期的内部风险问题尚不及现今复杂，因此审计工作的侧重点也就相对单一，加之后期对审计工作研究的创新性明显不足，因此尽管近年来社会经济有较大发展,但内部审计工作的侧重点却仍停留在传统阶段,这对我国内部审计工作的定位,特别是中小企业内部审计的定位影响较大。②审计工作定位的混乱性。由于我国缺乏专门的中小企业监管体制,因此中小企业往往内部组织结构混乱,管理方式随意。很多中小企业为节省成本,将企业的会计部门作为审计部门使用,一些审计人员其实就是会计人员。这种会计与审计混合的状况增加了审计工作的不确定性,滋生了较多的徇私舞弊行为,严重影响了审计工作的开展,导致内部审计无法发挥其真正作用。

二、定期评价

为了使中小企业的内部会计控制系统能随环境的变化而不断更新,企业应该对内部会计控制系统进行定期评价。内部会计控制系统的评价既可以企业自行评价,也可以聘请外部机构评价,在评价过程中,进行风险监测。通过了解被评价的内部会计控制制度,确定制度在现实中的运行状况,分析检查结果,对控制系统中的问题及时修改,从而使控制系统不断得到完善,财务风险得以控制。

三、个别评价

个别评价主要是对日常经营中的持续监督的辅助性管理,中小企业可以选定评价人员,以不定期的形式进行,其工作内容主要包括核对报表或者对比评价等。

以上三者的作用相辅相成,日常经营中的监督管理是中小企业风险控制所必需的,而个别评价则是在定期的监管过程中穿插进行的,这样就为长期监管机制提供实时有效性的保证,避免由于长期不变的监督机制带来的管理滞后的问题,从而为中小企业全方位的风险监控与管理提供有力支持。一般情况下,财务风险监控流程如图7-1所示。

建立企业信息系统,通过对中小企业不同职能部门的监督与监控,对企业财务风险信息进行收集预处理。成立企业财务风险评估小组,对收集到的信息进行研究评价,分析其发展趋势以及破坏能力,根据上述评估小组对相关风险的评估结果,给出相应的预警信号。这一财务风险监测流程为中小企业风险管理提供了控制中的控制。

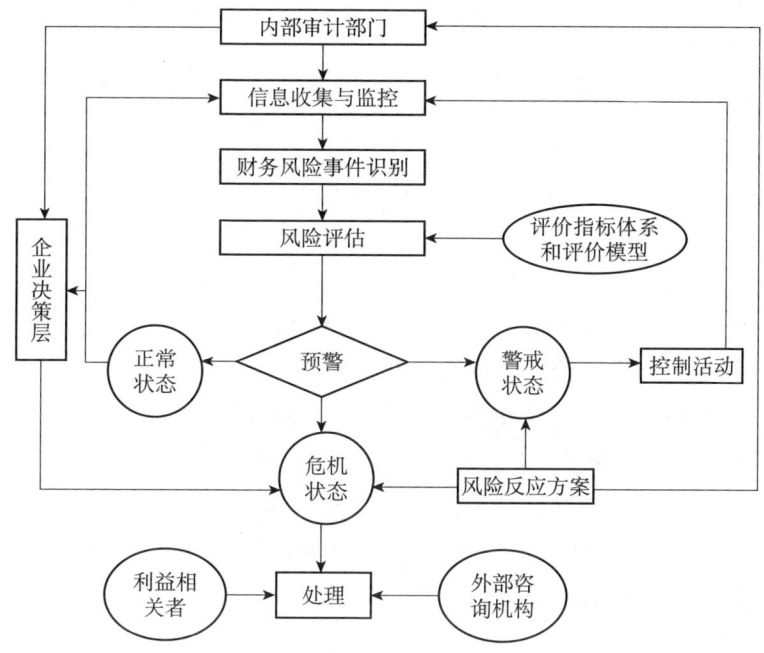

图 7-1 中小企业财务风险监控流程示意图

四、加强我国中小企业财务风险的监控

基于风险监控的重要性，要想在我国内部风险控制理论研究方面寻求发展就必须准确把握国际内部风险控制理论研究的趋向，同时结合我国社会经济发展的实际情况，建立一套有中国特色的内部控制理论体系，为搭建内部风险控制框架提供必要的理论支撑。

1. 加强内部审计监督

中小企业要实现内部风险的有效控制，内部审计监督的作用不容忽视。内部审计作为实现企业内部控制的重要途径和手段，有利于企业形成积极向上的企业文化，有助于督促企业员工严守职业道德，按章办事，减少徇私舞弊情况的发生。要使内部审计的监督作用得到最大限度的发挥，首先，应在中小企业中设立专门的内部审计部门，内部审计部门接受企业监事会的指导，对企业的董事会负责。规模较小、人员较少的企业如不具备设立内部审计部门的条件，可以专门指派内部审计人员，完成内部审计部门相应的职能；其次，企业管理层应授予内部审计部门相应的审查监督权力，使内部审计部门能够在职权范围内行使其职能，达到内部控制效果；最后，经常对审计人员进行会计、审计业务知识培训，提升审计人员业务水平，使其在内部审计岗位上发挥更大更重要的作用。

2. 借鉴西方国家的"控制自我评估"

"控制自我评估"这一方法是在20世纪80年代末期由西方国家的学者提出，90年代这种方法得到了进一步的发展。"控制自我评估"是指企业为实现目标、控制内部风险而由企业管理部门和员工对本企业内部控制系统进行的评估。相较于传统的内部控制而言，"控制自我评估"方法具有先进性和有效性。"控制自我评估"不再只由内部审计人员对企业内部控制负责，企业全员都将参与到评价企业内部控制、评估风险等行动中来，使每位员工都能了解企业内部控制系统中存在的不足，并积极主动采取措施进行改进，极大地调动了员工的积极性，提高了企业的劳动生产率。

因此，中小企业借鉴西方国家的"控制自我评估"方法，同时结合企业自身特点加以应用，对于进一步优化企业内部控制系统、控制企业风险、提升企业整体管理水平具有重要的现实意义。

3. 强化外部监督

强化政府机构和部门对中小企业的外部监督，使企业的内部控制朝健康有序方向发展。财政、税收、审计等部门应进一步健全法律法规体系，加大执法力度，运用宏观管理手段对企业经营活动进行监督检查，同时确保审计的独立性。同时，要充分发挥社会公众的监督作用，鼓励和公众新闻媒体曝光企业的违法乱纪行为，使企业的行为受到社会各界的广泛监督，从而促使企业约束自身行为，达到完善内部控制的目的。

本章小结

本章对中小企业财务风险的信息系统、沟通与监控进行了阐述。指出信息系统建设和沟通对中小企业财务风险控制的重要性；通过对财务风险监控三种方式的描述，分析了目前我国中小企业财务风险监控中存在的问题，提出了加强我国中小企业财务风险监控的措施。

第八章

MJ 公司财务风险管理案例分析

MJ 公司于 1997 年注册成立，员工 400 余人，是一家在深圳证券交易所挂牌上市的中小企业，主要生产液晶电视配件、电脑配件、手工艺及加工制品等。本章以 MJ 公司为案例，探讨中小企业的财务风险管理方法。

第一节 MJ 公司财务风险管理体系分析

按照第七章所给的方法，对 MJ 公司财务风险管理体系各要素分别做健全性测试和符合性测试，其分析结果如下：

1. 内部财务控制环境

①MJ 公司管理层通过非正式的言谈和行为等渠道表现出诚信与道德标准，并没有建立正式的道德准则，但员工在某种程度能够知晓和理解这些标准；

②董事会成员具备相关的知识和经验，但仍有一些关键管理人员不具备相关的专业知识和经验；

③公司组织结构基本合理，但下属公司的管理信息不能及时传递到管理层；

④某些职能部门人力不足，尤其缺少监督人员；

⑤董事会或审计委员获取信息的及时性和充分性不够，对于特定事务，必要时由董事会专门委员会特别关注和处理。

2. 目标设定评价

①能够根据公司的目标、经营职能和监管要求，分配责任和授权，包括

信息系统的责任和变化的授权,但有些部门没有书面明确权利和责任;

②存在权责不对等的问题。

3. 风险评估评价

①人力资源,能够保证管理层关键人物的留任,但公司现有的激励机制不完善,激励手段不丰富,激励效果不明显;

②筹资,能够通过各种渠道保证有足够的资金开展新的业务或维持重要的项目;但没有进行筹资成本分析和筹资风险分析,资金使用和归还缺少长期规划;

③劳资关系,能够提供使公司保持行业竞争力的报酬和福利计划;

④管理层能够充分考虑到与公司业务相关的供货来源、技术变革、债权人的要求、竞争对手的行为、经济条件、政治条件、自然事件等因素的相关风险,但对各种业务的监管等因素的风险关注不够;

⑤没有正式的程序对公司可能面临的各种风险进行分析,能够利用一些非正式的日常管理活动对风险进行分析;

⑥通过各种管理活动所识别出的风险与相应的业务活动目标相关。

4. 控制活动评价

①只有财务部对其主要业务活动制定了必要和恰当的政策和程序;

②规定的控制程序基本能够得到执行,但也存在一些违规操作的现象;

③出现例外或发生需要跟踪的情况时,能够采取恰当、及时的措施;

④没有专职的监督人员行使审核控制功能。

5. 信息与沟通评价

①管理层能够及时获取相关内部和外部信息;

②相关人员能够及时获取足够的信息;

③没有建立基于公司战略目标的信息系统,信息的沟通主要通过非正式渠道获取;

④基本能有效地向员工传达其职责和控制责任;

⑤没有建立正式的沟通渠道供员工反映可疑问题,但可以通过非正式渠道反映;

⑥管理层基本能够接受员工提出的合理化建议;

⑦整个公司内部信息交流不够充分,信息的收集和整理不够及时和完整;

⑧没有开放、有效的渠道,与客户、供应商和外部其他方面进行交流,不能适应不断变化的客户需求;

⑨在收到客户、供应商、监管者和其他外部人员反映的情况后,管理层能够采取及时和适当的应对措施。

6. 监控评价

①能够在日常活动中获得财务风险控制体系执行的证据；

②外部反映对内部信息的印证程度基本一致；

③保证定期核对财务系统数据与实物资产；

④没有做到定期询问员工是否理解并执行了公司的道德准则，员工是否参与了财务风险控制活动；

⑤能够做到聘请具备专业技能的人员对财务风险控制系统的适当评估，并保证评估的范围、深度和频率。但公司内部缺少专业人员对财务风险状况进行评估，能够做到聘请具备专业技能的人员分析公司财务风险控制的缺陷，并调查原因，制定纠正措施，但不能保证纠正措施的完全实施。

第二节 MJ 公司财务风险的综合评价

一、MJ 公司财务风险评价结果

根据第五章给出的指标体系和评价方法，本节运用模糊层次综合评价法对 MJ 公司的财务风险进行综合评价。

1. 运用层次分析法确定权重

根据层次分析法，本节运用 yaahp 0.5.2 软件对财务风险结果评估指标权重进行计算，结果如表 8-1 所示。

表 8-1　　　　MJ 公司财务风险评估指标权重

一级指标	权重	C.I.	λ_{max}	二级指标	权重	C.I.	λ_{max}
A_1	0.3081			A_{11}	0.1882	0.0781	4.2086
				A_{12}	0.1326		
				A_{13}	0.2808		
				A_{14}	0.3984		
A_2	0.3763	0.0821	4.2191	A_{21}	0.2299	0.0140	5.0628
				A_{22}	0.2490		
				A_{23}	0.2698		
				A_{24}	0.1033		
				A_{25}	0.1480		
A_3	0.1964			A_{31}	0.4502	0.0000	2.0000
				A_{32}	0.5498		
A_4	0.1192			A_{41}	0.3353	0.0688	3.0715
				A_{42}	0.1967		
				A_{43}	0.4680		

2. 确定评语集

评语集见表 8-2。

表 8-2　　　　　　　　　　评语集

指标档次	V_1	V_2	V_3	V_4	V_5
指标得分	[0, 40)	[40, 55)	[55, 70)	[70, 85)	[85, 100]
指标评价	差	较差	中等	较好	好

3. 建立模糊评价矩阵

邀请 10 位外部专家对 MJ 公司各指标的评价等级进行打分得出模糊评价矩阵。根据隶属度得出纵向价值链协同绩效模糊计算，见表 8-3。

表 8-3　　　　　　　　　　模糊计算表

一级指标	权重	二级指标	权重	V_1	V_2	V_3	V_4	V_5
A_1	0.3081	A_{11}	0.1882	0	0.2	0.4	0.4	0
		A_{12}	0.1326	0	0.3	0.5	0.2	0
		A_{13}	0.2808	0.1	0.2	0.4	0.3	0
		A_{14}	0.3984	0	0.4	0.6	0	0
A_2	0.3763	A_{21}	0.2299	0	0.2	0.6	0.2	0
		A_{22}	0.2490	0	0.4	0.6	0	0
		A_{23}	0.2698	0.2	0.3	0.4	0	0
		A_{24}	0.1033	0	0.4	0.6	0	0
		A_{25}	0.1480	0	0.5	0.3	0.2	0
A_3	0.1964	A_{31}	0.4502	0	0.2	0.5	0.3	0
		A_{32}	0.5498	0	0.4	0.4	0.2	0
A_4	0.1192	A_{41}	0.3353	0	0.2	0.5	0.2	0
		A_{42}	0.1967	0	0.3	0.4	0.3	0
		A_{43}	0.4680	0.1	0.5	0.4	0	0

4. 综合评价计算

分别乘以权重并归一化，得到 A 层隶属度矩阵为：

$$R_A = \begin{bmatrix} A_1 \\ A_2 \\ A_3 \\ A_4 \end{bmatrix} = \begin{bmatrix} 0.0285 & 0.2914 & 0.4914 & 0.1888 & 0 \\ 0.0555 & 0.3726 & 0.4943 & 0.0777 & 0 \\ 0.0000 & 0.3100 & 0.4450 & 0.2450 & 0 \\ 0.0484 & 0.3726 & 0.4486 & 0.1304 & 0 \end{bmatrix}$$

综合评价模型 $A = w_A R_A = (0.0354, 0.3353, 0.4783, 0.1511, 0)$。

5. 综合评价值

设 $F = (f_1, f_2, \cdots, f_5)^T = (45, 55, 70, 85, 100)^T$，则计算得出此

评价值为：$Z_1 = A \cdot F = 66.3519$。

6. 结果分析

从以上得分可以看出 MJ 公司的财务风险控制水平为"中等"，表明公司对财务风险的控制取得一定的效果但还有很大进步和改善的空间。从结果可以看出，公司的筹资风险和投资风险控制较差，因此 MJ 公司需要加强对这两类风险的控制。

二、MJ 公司财务风险控制体系的评价

1. 运用层次分析法确定权重

根据层次分析法，运用 yaahp 0.5.2 软件对财务风险结果评估指标权重进行计算，结果如表 8-4 所示。

2. 财务风险控制各要素定性评价

①通过对 MJ 公司财务风险控制环境的分析，结合对 MJ 公司的审计报告可以看出 MJ 公司作为上市公司，在形式上建立了董事会、监事会，聘请了独立董事，也建立了一些人事、激励政策。但还有很多重要环节没有建立完善的制度，而且财务风险控制环境的执行也并非有效。公司法人治理结构、管理哲学与管理风格、组织结构设计与内部权责分配、人力资源政策、员工胜任能力与诚信观等方面都需要针对 MJ 公司的实际情况进行重新设计与重组。尤其是员工对于财务风险控制的理念上还存在一定的认识差距，有的对财务风险控制存在一定误解，抵触财务风险控制的实施。因此，对控制环境的完整性一般，有效性较差。

②MJ 公司资料的取得途径限制了 MJ 公司财务风险控制活动相关资料的收集，缺乏对公司战略、外部环境的详细分析，目前收集的主要是财务控制活动的资料。因此，对 MJ 公司目标设定较不完整，有效性一般。

③MJ 公司管理层风险意识差，决策随意性大，没有考虑财务风险的影响。虽然建立了相应的风险预警机制，但却没有得以有效执行。在风险评估方面，目前 MJ 公司还没有建立起一整套风险评估的方法和手段，并没有对各类业务的可能面临的风险进行识别和评估。一方面，公司日常经营的业务到底其风险有多大，没有系统的识别和客观评价；另一方面，随着 MJ 公司发展步伐的加快，公司投资业务日益增多，虽然目前有可行性研究和集体决策的环节，但由于专业人员的缺乏，投资业务的风险评估也只是停留在定性

的总体分析,主观判断多,定量的分析很少。因此,对风险评估这一要素的完整性一般,有效性差。

④结合审计报告可以看出,MJ公司出台了相应的财务控制制度,但是实际情况却是形同虚设,财务管理十分混乱,最高管理层对公司内部的资金流动控制力较差。在控制活动方面,目前的控制主要表现在控制手段单一、制度与程序控制少,事后控制多,事前事中控制少。从MJ公司的主要业务来看,主要有以下几个方面的缺陷:一是各具体业务层面,公司对具体经营业务层面上的流程的风险点没有进行系统归纳和有针对性的设计控制措施,使得重要业务的运作随意性较大,对市场因素的变化往往只能被动地接受,抗风险能力和主动化解风险的能力不够。二是公司财务风险控制制度体系还不健全,制度体系的层次性、规划性不强。目前制度体系的建设主要包括公司治理、人力资源、法律、财务几个方面,业务层面较少。就已有的财务风险控制制度来说,也没有一个清晰的层次,总体来讲显得比较零散。因此,财务控制活动较不完整,有效性差。

⑤对MJ公司财务风险控制信息与沟通要素进行了分析,结合注册会计师对其出具的审计报告内容,认为MJ公司会计处理缺乏统一性和完整性,造成总公司与分公司、销售部之间信息沟通受阻。在信息与沟通方面,对于风险信息的形成、识别、加工和报告,没有建立起一套有效的机制,往往时效性、针对性、准确性不够,导致信息沟通不畅,风险管理的各个环节并不能及时地发挥作用。这种缺陷主要表现在财务与业务的财务风险控制信息沟通不及时,资金流和业务流的脱节。因此,信息与沟通这一控制要素的完整性一般,有效性差。

⑥通过对MJ公司财务风险控制监督的分析,结合对MJ公司的审计报告,可以看出MJ公司设立了内部监督机制,但监督作用具体执行也较一般。在监督方面,目前还没有形成有效的财务风险控制监督机制。因此,对此项控制要素的完整性一般,有效性评价一般。

3. MJ公司财务风险控制各要素评分

对MJ公司财务风险控制体系各要素的完整性和有效性进行评价之后,就进入了各要素的评分阶段。在这一阶段里,利用对财务风险控制各要素的评价结果,按照评分矩阵表,对财务风险控制体系各要素进行评分。见表8-4。

表 8-4　　　　　　　　　　评价结果

目标	指标	子指标	权重 指标	权重 子指标	完整	基本完整	不够完整	不完整	有效	基本有效	不够有效	无效	评分
中小企业财务风险控制体系评估 B	内部财务环境控制 B_1	B_{11}	0.12	0.15		★				★			60
		B_{12}		0.20			★				★		40
		B_{13}		0.25	★						★		60
		B_{14}		0.20			★		★				60
		B_{15}		0.20		★					★		40
	财务目标设定 B_2	B_{21}	0.15	0.30		★				★			40
		B_{22}		0.25	★					★			60
		B_{23}		0.20			★				★		40
		B_{24}		0.25	★					★			60
	事项识别 B_3	B_{31}	0.10	0.40		★				★			40
		B_{32}		0.35		★					★		20
		B_{33}		0.25		★					★		40
	财务风险评估 B_4	B_{41}	0.15	0.35		★				★			20
		B_{42}		0.35			★			★			20
		B_{43}		0.30		★				★			20
	财务风险反应 B_5	B_{51}	0.13	0.40		★				★			40
		B_{52}		0.30		★				★			40
		B_{53}		0.30		★				★			40
	财务控制活动 B_6	B_{61}	0.15	0.20		★						★	0
		B_{62}		0.40	★					★			40
		B_{63}		0.20		★					★		20
		B_{64}		0.20		★					★		20
	信息与沟通 B_7	B_{71}	0.10	0.40	★				★				60
		B_{72}		0.30	★					★			40
		B_{73}		0.30	★							★	20
	财务风险监控 B_8	B_{81}	0.10	0.30		★			★				60
		B_{82}		0.25			★			★			40
		B_{83}		0.20	★				★				60
		B_{84}		0.25	★				★				60

4. MJ 公司财务风险控制体系的加权综合评分

财务风险控制体系综合评价的最后阶段是运用加权平均法计算财务风险控制体系的加权综合评分。根据相关专家意见，各要素的权重分别如表 8-4 所示，将各要素的评分代入公式中，财务风险控制体系加权综合评分 Z_2 为：

$$Z_2 = \omega_1 \sum \omega_{1i} B_{1i} + \omega_2 \sum \omega_{2i} B_{2i} + \omega_3 \sum \omega_{3i} B_{3i} + \omega_4 \sum \omega_{4i} B_{4i} +$$
$$\omega_5 \sum \omega_{5i} B_{5i} + \omega_6 \sum \omega_{6i} B_{6i} + \omega_7 \sum \omega_{7i} B_{7i} + \omega_8 \sum \omega_{8i} B_{8i} = 40.78$$

MJ 公司财务风险控制体系加权综合评分为 40.78 分，表明 MJ 公司财务风险控制的设计和执行上都存在较大缺陷，财务风险控制系统存在明显缺陷（40~60分）：各项制度虽然健全，但制度执行有效性较差；或重要业务领域的财务风险控制制度较为健全，但制度执行有效性一般；或虽然现有的各项制度执行有效，但制度的健全性、完整性有问题，个别重要业务领域或操作环节缺乏相应的财务风险控制或存在缺陷，可能引致风险。业务发展受到影响，经营状况一般。在不利的商业环境中，这类公司是很脆弱的，而且如果不采取有效的措施改进，则经营状况很容易恶化。

第三节　MJ公司财务风险管理的改进措施

MJ公司应当从控制环境和财务控制两个方面改善财务风险管理水平：

一、不断优化控制环境

1. 建设良好的公司文化

建立科学的公司经营理念，用良好的公司文化促进公司的发展，激发公司员工的不断进取精神。

2. 建立良好的公司组织结构

公司的组织结构是提供规划、执行、控制和监督活动的框架。良好的组织结构以执行工作计划为使命，并具有合理科学的职位层次，流畅的信息沟通渠道，协调的时间效率和愉快的合作关系。一个良好的公司组织结构，可以清晰界定资、权、利，从而强化和形成控制环境。

3. 建立对公司管理层良好的激励约束机制

提高公司领导特别是主要领导的综合素质，形成一个约束、监督与激励公司领导的外部机制。

4. 提高员工素质和对财务控制制度执行的认识

对于财务风险控制系统所设置的各个岗位，必须择定精明强干、忠于职守的员工去履职。在日常管理中，对员工要加强宣传教育，使管理人员和员工充分认识财务风险控制的重要性；采用科学、合理、适用的人员管理制度和控制措施；关心员工生活和健康；加强职业道德教育，建立激励机制，加强考核，促使员工遵守制度，做好本职工作。

二、不断加强财务控制

1. 建立财务组织机构控制

一是明确公司财务管理委员会、公司分管领导和财务主管领导的职责和权利;二是实现不相容职务分离,包括授权与执行经济业务的职务分离,执行与审核的职务分离,执行与记录经济业务的职务分离,保管与记录财产的职务分离;三是实现组织机构的相互控制,保证各部门在授权范围内的职权不受其他部门的干预,同时,每一项工作在运作过程中接受其他相关部门的检查和监督。

2. 完善财务授权批准控制

在处理经济业务时,必须有授权批准。明确授权批准,可以确保重大的经济业务事项能够通过集体研究和决策,防止某些部门或某个上级的权限过大和权利超越,独断专行,造成不必要的损失和浪费。

3. 突出财务会计系统控制

要根据《中华人民共和国会计法》和财务会计制度以及公司的上级组织确定的财务会计管理办法,制定适合本公司实际情况的财务会计制度和管理办法,明确会计业务的处理程序,建立和完善会计档案保管和会计人员工作程序,实行会计人员岗位责任制,充分发挥财务会计的监督职能。

4. 明确财务控制的重点

一是预算管理控制。包括筹资、融资、采购、生产、销售、投资、管理等经营活动的全过程。控制环节是预算编制所确定的公司的经营管理目标、责任的科学性;预算指标分解的合理、科学性;预算在执行中授权批准调整的严肃性,及时或定期反馈预算执行情况;预算执行结果的考核及奖惩的严格性。二是财务资产控制。控制环节是资金管理,主要是账户管理、银行存款日常管理、内部资金划拨、支付结算、库存现金管理、银行承兑汇票管理、其他应付款管理;固定资产管理;无形资产管理、债权管理、对外担保的审核等。三是实物资产控制。控制环节是实物资产的安全、完整、有序、合理、有效使用。资产的购置由专职管理人员验收、登记、保管;资产的使用实行全程管理,责任到人;资产的处置由单位领导集体研究决定,并报国有资产管理机构审核备案。四是成本控制。控制环节是原材料采购的成本控制;材料使用的成本控制(包含目标成本控制、作业成本控制);产品销售的成本控制。五是固定资产投资管理控制。控制环节是立项、设计、开工、建设、核算、竣工、转资。六是产品销售控制。控制环节是劳务收入、预收货款、现收货款、定期结算及发票管理。

本章小结

本章以 MJ 公司为例进行财务风险管理案例分析。首先按照前文所给的方法，对 MJ 公司财务风险管理体系各要素分别做健全性测试与符合性测试，在此基础上对其财务风险进行评估，并据此提出相应的改善措施。

第九章

中小企业的内部管理报告控制案例分析

为保证中小企业风险管理的时效性和针对性,企业应当建立内部管理报告体系。内部报告体系的建立应反映部门(个人)经管责任,符合"例外"管理要求,报告形式和内容应简明易懂,并要统筹规划、避免重复。内部报告要根据管理层次设计报告频率和内容详简。本章以 DL 公司为例,说明中小企业内部管理报告控制的理论和实践。

第一节 DL 公司管理和控制现状分析

DL 公司成立于 1988 年,经过 20 余年的发展,现已成为一家专业生产办公文具的中国民营企业 500 强公司,是国内轻工文教行业 10 强第一名。是一家典型的从中小民营企业发展而来的公司。DL 公司的管理层提出的企业愿景是"成为一家值得信赖且受人尊敬的企业",以"为消费者提供性价比最优的产品,让办公学习更得力"为使命。经过多年的经营,DL 公司已经在研发、生产、渠道、物流等方面一直引领行业的发展,从以前单一的文具生产企业,已经发展为以品牌经营为主,为消费者提供办公采购一站式服务的解决商。在这种行业,产品无限小,小到可以是几分钱的橡皮擦、票夹等,而产业无限大,难以用一个确切的范围来界定,它既可以包括传统的小文具、办公用品,也可以涵盖 IT 产品、办公家具、体育用品等。在这个行业中,产业的集中度与竞争度还远不如家电、医药等其他行业,这是一个存在着集中与整合大机会的行业。DL 公司在内部管理报告控制中取得的成绩和经验使其成为风险管理的典范,值得其他中小企业借鉴。

一、DL 公司管理现状分析

DL 公司处于该行业的领先地位,有着它独特的管理特征:

1. 组织架构复杂

DL 公司作为集团的控股母公司,由于地域以及由地域引起的属地化税收与财务关系,陆续成立了 100 余家投股或全资子公司。这些独立的法人单位以独立的法律主体或税务主体存在与发展。但是,这种以资本为纽带的组织架构,在公司内部管理上,并不一定是一个独立的管理主体。有可能一个法人下有多个管理主体,几个法人共同构成一个管理主体,或几个法人分拆重构成一个管理主体。这种法人主体与管理主体交叉、重叠、错位是一种常态化的现象。

在人事组织架构上,满足市场动态发展的需要,及时调整与更新现有不合理的组织架构,使整体组织更加轻松自如地应对来自市场的竞争力。经过不断完善与调整,现 DL 公司人事组织架构如图 9-1 所示。

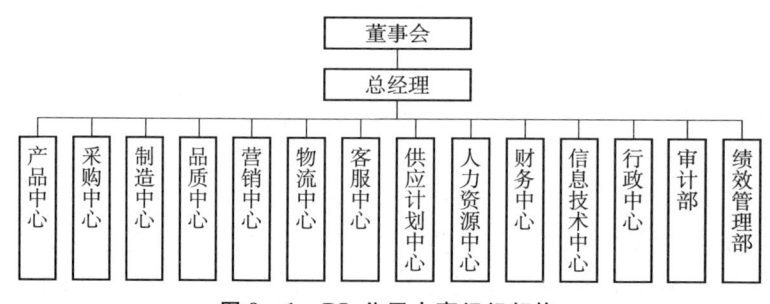

图 9-1 DL 公司人事组织架构

这种人事组织架构,只是反映人事汇报路线的途径,基本上不反映法人组织,与税务主体及财务会计基本无关。但基本体现了业务管理主体,因此可以按照人事组织架构来规划管理会计主体。

2. 营销渠道多样化

DL 公司属于快消品行业,与国内大多数快消品行业一样,产品通过销售分公司——一级批发商——二级批发商——零售店这种传统的分销模式来实现产品的交付，这种模式是国内快消品行业一贯采用的行销方式。DL公司在长达20年余年的渠道建设过程中，成立了60余家销售公司，建设了6000余家战略合作经销商，维持了DL公司较快的销售业绩增长。但是，时代在变，行业也在变，尤其是以互联网为背景的电子商务的到来，传统分销模式受到了前所未有的冲击。在2000年左右，DL公司决策层便以敏锐的市场嗅觉，引进电子商务专业人才，成立独立的电子商务事业部，以京东、天猫为平台，建立战略合作关系，大力推进电子商务的业务开展；同时，建立自有的B2B电子商务平台，以满足大客户直销的电商采购需要。经过五年的建设，电子商务业绩每年以80%的速度提升，极大地提升了销售规模快速增长；同时，决策层也注意到，以政府、大型国有企业和事业单位为主体的集中采购如火如荼。决策者成立了大客户直销事业部，专门针对办公用品集中采购的招标业务。另外，商超事业部与沃尔玛、华润等大型超市直接建立业务合作。

在国外业务拓展中，与大多数江浙企业类似，以客户定制品牌为长期的战略重点。但这种业务固有的缺陷在于，命运始终是掌握在客户手中。尤其是人民币升值、国内劳动成本上升等因素，在国际比较优势下，定制品牌业务随时会被客户转移到东南亚等地区和国家，企业投入的工厂与设备闲置，造成大量损失。DL公司在选择一些优质的定制品牌客户以外，战略重点于五年前就转移到海外，推广自有品牌。在中东、南亚、东欧等建立了6家营销管理公司，与150多个国家300余家海外经销商建立了战略合作关系。

3. 多来源的产品供应商

DL公司是从制造业起家，从单一的一家文具生产企业发展为现在四大生产基地，按照产品的项目分类，设立了文具工厂、装订工厂、文教工厂、胶带工厂、保险箱工厂等15家工厂。这些工厂经过多年的精益管理，在产品质量与计单交期等方面不断提升水平。

但是，随着销售规模的扩大、产品品类的不断增加，需要增加更多土地来造厂房生产产品的行为，已经不切合实际。由于在行业内拥有第一品牌知名度，拥有多层次的渠道，得力决策层利用自身品牌与研发优势，将产品外包给全国其他工厂进行生产。到目前为止，已经超过50%的品类通过类似OEM方式实现产品的生产加工。这种模式的转变，一是将DL公司从生产制造商逐渐改变为品牌经营商，二是大大提高了公司整体规模效应，公共管理成本占比不断下降。

4. 多层次的供应计划链条

DL公司的产品涉及商用机器、IT耗材、体育品、笔类、纸品、办公生活、学生文具等 20 余个系列，5000 余品种。产销计划部门负责滚动的销售预测，根据安全库存与交期，将生产主计划交给加工工厂，生产完毕，进入集团总仓库。全国各地二级分仓库、城市仓库同样依据出货或销售预测与安全库存的需要，从上一级仓储地进行拉式补货。这一系列过程，是 DL 营运系统中的瓶颈与短板，也是大多数公司决策者想解决、但又无力解决好的一个环节。"牛鞭效应"在这个环节非常明显，要么造成货物短缺，引起客户极大的抱怨；要么引起产品积压与呆滞，造成资金成本、仓储成本、货损成本的上升。

二、DL 公司财务控制现状分析

上述这些管理特征的存在，导致了 DL 公司面临着巨大的经营和财务风险。基于上述的职能型组织结构，信息的传递和反馈速度很慢，审计部门无法发挥应有的作用，对市场变化的反应迟缓。

随着经济的发展，互联网技术的突飞猛进，市场经济体制的健全，企业面临着一个复杂多变的环境。经营的不确定性，管理的风险成本加大。企业成败的关键，在于决策，决策的正确与否取决于信息的及时性、相关性与可靠性。"经济越发展，会计越重要"，会计作为一个企业信息系统，越来越发挥着重要的作用，尤其是在企业决策中扮演着举足轻重的地位。长期以来，财务会计所产生的财务报告聚焦于资本市场的财务数据，为外部投资者、政府等相关利益方提供了详尽的会计信息，较好地满足了这些利益相关方决策的需要。但是，基于内部管理报告的控制无论是在理论研究还是企业实践方面，均滞后于经济发展与企业管理的需要。基于对外的财务报告是无法满足企业日益精细化管理的需要，内部报告控制又是基于财务控制的风险管理的重要手段，构建与整合符合企业风险管理要求的内部管理报告体系势在必行。

第二节 内部管理报告体系的理论基础

一、组织理论与内部管理报告

组织理论是指人类在社会组织活动中按一定形式安排事务的理论。组织

第九章 中小企业的内部管理报告控制案例分析

是由两个以上的人组成的,为实现共同目标,以一定形式加以编制的集合体。组织结构研究的热点:一方面,当代组织理论大力提供组织扁平化,以提高行政办事效率;另一方面,几乎所有成功的大型企业的组织结构都是层次性结构。这是因为,任何复杂的系统在结构上都是分层次的,企业作为一个典型的复杂系统,理应是层次结构性的。组织的层次结构性体现在多方面,如决策权、信息传播权、代理信息等。中小企业在快速发展的过程中,面对激烈的市场竞争,其组织形态必须不断地进行自我修复与完善,尤其是市场交易内部化,客观上要求企业建立一套行这有效的、较为发达的组织结构,以减少或缓解决策机制中的"牛鞭效应",从而提高整体营运效率。企业的组织结构,根据企业内外部环境及公司规模大小,可以大致分为创业型、职能型、事业部型、矩阵型的组织结构,其相关特点如表9-1所示。

表9-1　　　　　组织结构类型、优缺点及适用范围

类型	特点	优点	缺点	适用企业
创业型	简单结构	管理结构简单,成本费用低,命令统一,决策灵活,效率高	权力过于集中,难以发挥基层管理者和员工的积极性和能动性	规模较小、生产技术简单的小型企业
职能型	以业务需求设置不同的职能部门	职责明确,组织稳定,强化专业管理	职能过度细分,不利于协调;职能部门之间本位主义严重,各自为政;等级层次以及集权化的决策机制导致放慢响应速度	单体组织的中型企业
事业部型	在高度集权的基础上实行分口管理,独立核算,自负盈亏	高层领导摆脱日常事务,有利于发展战略考虑;有利于发挥事务部的独立自主能力	公司与事业部职能机构重叠;事业部考虑自身利益,影响整体战略布局	大型企业
矩阵型	垂直的职能结构与水平的项目结构相结合	机动灵活,任务清晰,专注目标	双重领导增加管理成本与沟通成本,责权不明	管理复杂的企业,以项目运作为主的企业

内部管理报告所服务的对象是多元化的,但由于管理层所处决策地位不同如董事会层次、经理级层次、中级科员及普通员工,他们对于信息的需求是截然不同的。无论组织结构有什么样的类型,从内部管理报告提供决策信息的角度来说,均可以把组织架构分为战略层、管理层以及操作层,如表9-2所示。

表9-2　　　　　　　组织层次划分及适用对象与具体构成

决策层次	对象	具体构成
战略层	高层管理者	董事会，公司高管
管理层	中层管理者	部门经理，事业部经理，分子公司经理
操作层	基层管理者	基层经理，员工

战略层应关注公司的宏观决策与战略目标定位，如企业的长期发展规划、产品发展定位、重大项目决策等；管理层应在公司战略目标的基础上推进战略落地，承接并落实各项具体的战略指标，如税务筹划、产品定价、生产同期安排等；操作层是对日常工作进行流程改善、效率提升、工具与方法的使用，如计划订单的完成、客户的回访、产品的配送等。

内部管理报告应充分吸取组织理论的精华，按照组织的层次进行划分，重点区分不同组织层次的决策者对信息的需求重点，按不同的组织层次提供不同的决策有用信息。

二、微观信息经济学与内部管理报告

微观信息经济学又被称为理论信息经济学，它是从微观的角度入手，研究信息的成本和价格，并提出用不完全信息理论来修正传统的市场模型中信息完全和确知的假设，重点考察运用信息提高市场经济效率的种种机制。因为主要研究在非对称信息情况下，当事人之间如何签订合同、契约及对当事人行为的约束，故又称契约理论或机制设计理论。在现代企业管理机制中，企业所有者委托管理当局来管理企业经营。前者是委托人，拥有所有权；后者是受托人，拥有管理权。前者是要求委托的资产最大化的增值，后者则可能存在道德风险，如增加闲暇时间、豪华办公环境、避免风险、增加薪酬与福利等。委托人与管理人的效用函数不一致，导致的直接结果是信息不对称。

财务会计提供的对外财务报告信息，由于契约理论所涉及的委托人与管理人的效用函数目标不一致，粉饰财务报告的信息成了一种必然结果。美国安然事件以及国内万福生科造假事件等，均是表明契约理论下是会计信息造假的必然条件。为了弥补这种不足，在基于信息经济学的基础上，内部管理报告作为一种支持内部决策有用的信息载体，其披露的信息相对比较客观，是真实、完整与有效的。这种内部管理报告可以作为契约双方签约的基础与补充，也是评价契约履行情况的依据。它与契约密切相关，保证了契约的订立与执行，为契约起着激励与约束效果。对解决委托人与企业内部决策层、

管理层、员工层之间的信息不对称,起着非常重要的作用。因此,为了实现企业战略目标,提升企业价价值,保证与维护委托人的利益,企业有必要建立能够消除信息不对称的内部管理报告体系。

三、管理控制与内部管理报告

会计是以货币为主要计量单位,运用一系列专门方法,核算和监督一个单位经济活动的一种经济管理工作。会计按照服务对象的不同,分为财务会计与管理会计。财务会计立足企业,面向市场,以公认的会计准则为基础,侧重于满足企业外部有关方面的决策需要,对外提供财务报告,故也称"对外报告会计",其基本方法包括计量、确认、记录与报告。管理会计在保持会计相关理论的基础上,吸收与引进相关管理科学理论,侧重为企业内部管理决策提供信息。故也称"内部报告会计"。管理控制是管理会计的主要职能,管理会计是内部管理报告的基础,内部管理报告是管理会计的重要范畴。管理控制在理论、方法与体系上为内部管理报告提供了基本条件。会计的基本程序与方法是确认、计量、记录与报告,这四个方面也是会计的核心内容。会计的确认、计量与记录的最终目的是会计报告。会计报告是会计的最后一个环节,也是非常重要的一个环节。内部管理报告作为会计报告的一个重要分支,必然要遵循会计的基本程序与方法。内部管理报告的编制过程,也就是管理会计在进行相关业务的确认、计量与记录的过程。内部管理报告的结果,也就是管理控制的最终工作成果。管理控制的目标直接决定内部管理报告的目标:①直接目标是为管理者提供决策信息;②根本目标则必须服从于管理会计的目标,即实现企业战略目标,提供企业价值。内部管理报告通过确认、计量与记录企业内部相关的财务信息与非财务信息,针对不同的管理者提供多维度多元化的决策信息,以实现企业有效的管理与控制,提升企业的价值。

四、阿米巴经营模式与内部管理报告

阿米巴经营模式是日本经营之圣稻盛和夫独创的经营模式。阿米巴经营理念是稻盛和夫在管理自己企业过程中的感想累积,也是稻盛和夫经营两个世界500强级企业的经验提炼。所谓"阿米巴经营"即采取基于稳固坚实的经营哲学和精细的部门独立核算的管理。可以简单理解为将一个大的组织(公司)细分成相对独立的小集体:组织(公司)内部选拔出阿米巴领导来

统领各自的小集体，各小集体自行拟定自己的经营计划和核算分配方案，并依靠集体成员的智慧努力来完成目标。同时，从中选择出具有经营者意识的人才加以培养以使阿米巴经营理念得以更好地践行。通过这种做法，每个小集体里的每一位成员都将成为主角，主动参与业务经营，从而形成"全员参与经营"的局面。同时这在一定程度上也将增加了小单元里的运作灵活性、可靠性，进而增强了大集体的运作流畅性、稳定性。基于阿米巴经营理念，根据公司业务发展的需要，灵活地划分相对独立的管理会计主体，在管理会计主体上，构建内部管理报告体系，让各个独立的业务单位负责人对内部管理报告负责。

五、内部管理报告体系框架

根据相关论述，内部管理报告与组织架构、管理控制目标、契约机制有着密切的关联。内部管理报告与外部报告相似，由报表及相关披露资料构成。但是，如何有效构建一套行之有效的内部管理报告体系？内部管理报告需要哪些内容？表格如何设计创新使之与企业内部的管理维度相适用？等等一直是理论界与实务界都普遍关心的问题。根据内部管理报告的理论基础，DL 公司建立了基于战略层、管理层和操作层的内部管理报告体系架构，如图 9-2 所示。

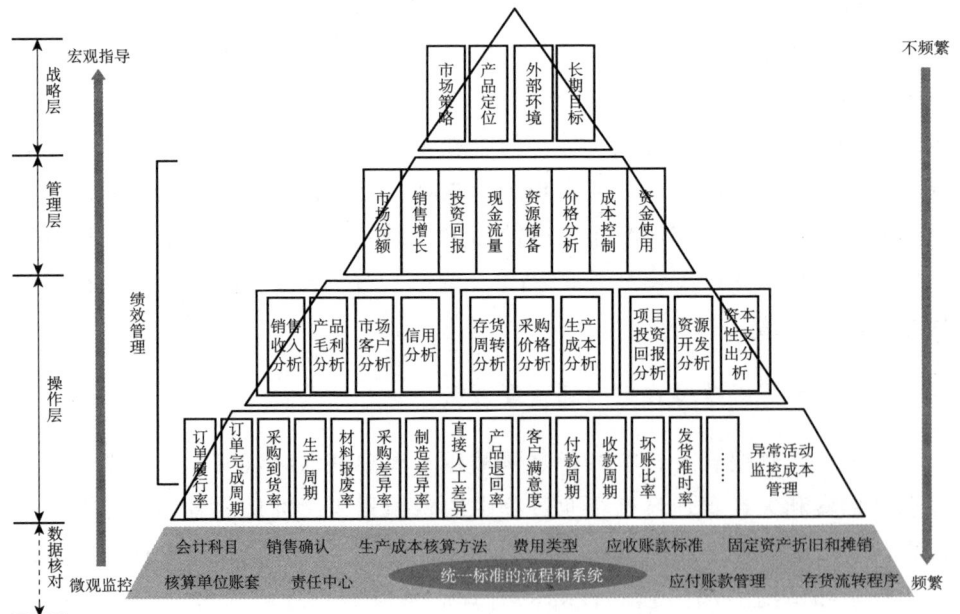

图 9-2 内部管理报告体系框架示意图

战略层的内部管理报告，着重点在于企业的宏观分析，通过竞争形势分析、运营环境分析、客户分析与供应商分析，确定企业的长期战略目标与产品的定位，从而采取相应的市场策略。战略层的内部管理报告统领着其他内部管理报告，其他内部管理报告在此基础上进行层层分解。

管理层的内部管理报告着重于日常较重大业务的关注，比如销售模块的销售收入分析、毛利分析、市场客户分析；生产模块的存货周转、采购价格的趋势、生产成本的控制，以及新项目的投资回报等。

操作层的内部管理报告更多的是程序化信息，信息需求与结构相对稳定，信息的及时性要求较高。此层级的内部管理报告多以表格为主，简洁明了，响应速度快。比如订单的履行率、付款的周期、采购报告等。

三层级报告的基石，是统一的流程与系统，比如会计科目的标准化、生产成本核算的方法，组织架构的科学合理化、存货流转的程序、完善的信息化工具等。这些标准化的基础工作是三层级的内部管理报告的基础，只有长期不懈地努力做好微观基础工作，内部管理报告才可能准确、高效、完整。

由表 9-2 可知，在内部管理报告的金字塔形状中，越是上层的宏观指导，其发生的频繁越低；越是向下的微观监控，其发生的频率越高。这也是符合企业管理者的日常行为准则，公司决策层管理人员，均是着眼于小频率的大事件；操作层则是相反。

第三节　内部管理报告体系在 DL 公司的实践与运用

在 DL 公司的内部管理报告体系建立过程中，有两个重要的时间节点：第一个重要时间节点是 2010 年，公司中高层管理人员系统地学习了稻盛先生的阿米巴经营理念，并在相关业务部门导入阿米巴管理模式。阿米巴经营根据管理的需要，把业务单位分割成细小的独立单元进行管理与财务核算，实质就是一个特殊的管理会计。第二个重要时间节点是 2013 年借助 IBM 管理公司的咨询成果，将 DL 公司的财务组织架构进行了重组与构造，财务会计与管理会计在组织上彻底分离，使管理会计在组织上得以保障。

一、组织架构的重构

为加强管理控制以及控制中的信息和沟通,DL公司首先按照战略层、管理层和操作层重构了管理会计主体。此种管理会计主体的组织架构,又称之为构建内生动力的阿米巴组织。就如动车组的特点一样,经营动力结构多元化、分散化、均衡化,每一个节点都是动力制动点。这种管理会计组织的特点,具体表现在:

①完全依据业务形态划分,具有完整的业务实体,是一个能够独立完成任务的组织;

②具有明确的与收入相匹配的成本支出;

③与税务登记的法人组织基本上无关;

④与人事组织有关联,因为相关的业务组织一定有对应的人事组织。

管理会计主体的组织架构重构以后,相应的内部管理报告体系问题也就迎刃而解。具体如表9-3所示。

表9-3　　　　　　DL公司经营业绩报告体系

层级	报告项目	报告人	报告对象
战略层	集团经营业绩报告	分管财务副总经理	总经理,董事长
管理层	生产经营业绩报告	分管生产副总经理	总经理
	商品采购业绩报告	分管采购副总经理	总经理
	国内营销经营业绩报告	分管国内营销副总经理	总经理
	海外营销经营业绩报告	海外营销业务部经理	总经理
操作层	国内各营销渠道经营业绩报告	渠道总监	分管国内营销副总经理
	国内各销售分公司经营业绩报告	分公司经理	分管营销副总经理,渠道总监
	海外各销售分公司经营业绩报告	分公司经理	海外营销中心副总经理
	各工厂经营业绩报告	工厂厂长	分管生产副总经理
专题项目	资金预算报告	资金部经理	分管财务副总经理,总经理
	费用预算执行报告	财务管理部经理	相关管理部门
	生产成本报告	生产财务部经理	生产分管副总经理等
	新项目专题报告	项目经理	相关领导

现分别对各层次的内部管理报告进行说明:

1. 战略层内部管理报告

在战略层内部管理报告中,主要以《集团经营业绩报告》来体现,其内容主要涵盖如下模块:

（1）外部环境分析

主要对办公文具行业所处的宏观环境进行 PEST 分析，如政策与法规环境对 DL 公司产生的影响，国内外大宗原材料、外汇利率等经济环境的影响，环保与能耗、互联网的大数据时代为主的社会与文化环境影响，工业 5.0 等技术手段的影响；同时，还对产业环境进行"五力"分析，对同行业现有企业之间的竞争强度分析，对国际文具大品牌陆续进入中国等潜在进入者分析，对 DL 公司的规模化、集约采购对供应商影响的分析，其他如买方分析、替代品分析等均在该模块比较详尽的分析与报告。

（2）总体业绩分析

在该模块中，提炼出集团公司整体的关键经营目标，如销售收入、利润、经营性现金流量、人均产值、期间费用、新产品销售、研发投入等，基本上是以结果为导向来反映 DL 公司集团整体的经营成果。成果反映的时间维度包括这些指标的目标值、累计值、达成率、增长率，反映公司内部的经营质量；反映的空间维度包括这些指标与同行业的上市公司进行比较，反映公司与外部同行业的经营质量比较。

（3）营销与生产业绩分析

在该模块中，主要反映销售收入与生产产值的整体趋势，以及各营销渠道、各工厂的目标达成与历史成长趋势。着重揭示异常数据的内在原因。

（4）营运资金分析

主要反映经营性现金流量的质量，尤其是以应收账款、存货、应付账款为主的营运资金同比增幅、目标达成与周转率的分析，揭示经营性现金流量与营运资金之间此消彼涨的逻辑关系，在现金流量不足的情况下，提出决策如何控制与改善营运资金的占用以释放充足的现金流量。

（5）投融资分析

主要反映重大投资项目的进度与资金来源、对年度的资金预算执行情况、近期融资动态与资金存量、资金成本的趋势、集团整体资产负债等。

（6）利税分析

分析各区域、各法人单位的税负规划的执行进度情况；反映集团整体利润以及构建利润地图而反映以管理会计为主体的各业务单位利润状况。

2. 管理层内部管理报告

在管理层内部管理报告中，主要由产品供应商的生产体系与商品采购体系的经营业绩报告和国内外营销体系的经营业绩报告构成。

在产品供应商的生产与商品采购体系经营业绩报告中，主要反映一个独立完整体系的经营质量情况。比如生产经营业绩报告主要反映财务模块中销售收入、净利润、可控费用占比；以顾客为市场的模块中反映品质合格率、客户投诉次数、客户满意度；在先进生产力的模块中反映人均产值、人力成本、工伤与安检；在过程有效性的模块中，反映缺货率、订单达成率、半成品周转率、呆滞物料等。

在营销体系的经营业绩报告中，财务模块反映销售收入、利润、费用等项目；内部运营模块反映应收账款周转率、存货周转率、呆滞存货、人均销售等项目；市场开发模块反映渠道客户开发、新品销售、重点品类推广等项目。

3. 操作层内部管理报告

在操作层内部管理报告中，以各渠道、销售分支公司和各工厂、商品采购部门为管理主体出具经营业绩报告。该层级的管理报告中，多以图表、表格等简单明了的方式进行表达。比如，反映某销售分公司经营质量与营运效率，采用表9-4来实现。

表9-4　　　　　××销售分公司经营业绩质量表

	项目	指标	2018年金额	2018年占比	2017年金额	2017年占比	增幅	1月	2月	3月	……
业绩管理	一、销售收入										
	减：促销费用										
	销售成本										
	二、毛利										
	减：直接费用										
	退货损失										
	分公司分摊费用										
	集团公摊费用										
	三、税前利润										
	减：税费（30%）										
	四、净利润										
余额管理	应收账款余额										
	超账龄金额										
	应收周转天数										
	存货金额										
	呆滞存货金额										
	存货周转天数										

这是一张具有经典代表性的内部管理会计报表，从其构建的内容来看，

有几点优势：

①既反映了该管理主体的销售收入、费用、利润等经营业绩的情况，同时反映经营业绩所带来的"附产品"，即应收账款、存货的状况；

②同时反映了各项目的指标、当年累计值、去年同期值、增幅以及逐月的经营数据，非常简单、清晰、一目了然；

③各项目根据管理实体进行核算便利上的改造，比如销售成本，是按固定的采购成本来取数；集团公摊费用是集团职能部门的行政费用、财务费用、战略性投入等费用的承担；由于不是独立的税务主体，无法清晰知道税率的情况下，在内部统一按30%的税率来承担税负等。此类表格的构建，实现了业财融合，让一些不懂财务的业务负责人可以轻松地阅读与理解。

4. 专题项目管理报告

在专题项目报告中，主要是针对一些重大的管控项目进行单独的报告，比如月度或年度的资金预算、按照不同的属性与维度对费用进行归类与管控、新发展的项目进行专题报告等。此类报告，有些采用报表形式，有些采用文字加图表形式，一事一报，根据管理的需要灵活机动地进行处理。

二、内部管理报告体系的运行环境与实施过程

1. 科学的财务体系组织架构

基于管理会计的内部管理报告，是财务控制实施的一种体现。其编制与执行主体必须由财务部门来主导。财务部门提升企业管理水平主要体现在三个方面：

①规范化，财务核算的方法、口径与流程必须统一标准，岗位职责规范与业务操作规范统一。这是财务管理工作的基础；

②效率，构建统一集成的会计信息系统，及时准确提供多维度的财务信息数据；

③价值，分析业务数据变化的本质、提供经营仪表盘数据、财务工作渗透到运营前端，从事后核算到前端管理。

要达到规范化、效率、价值三个要求，财务部门的工作必须在集中与渗透两个方面进行有效结合，把具有标准、统一、规范的财务作业进行集中，把对业务的支持与管控像神经系统一样渗透到各层次的管理主体末端。当前，最主流与先进的财务组织架构应包括三个方面，如图9-3所示。

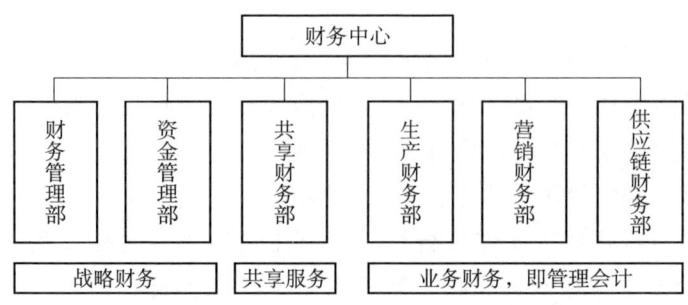

图 9-3　DL 公司财务体系组织架构示意图

①战略财务，即财务政策制定、投融资规划、预算管控、整体业绩评价等；

②共享财务，即对往来账款、费用报销、总账等标准化的财务作业进行集中处理；

③业务财务：即业务管理主体进行商务支持、财务分析、业绩评价与财务管控，这个领域也是管理会计工作的典型范畴。

在此财务组织架构中，财务管理部与资金管理部承接与执行对公司具有重大影响事项的战略财务，并编制与汇报公司战略层级的内部管理报告；共享服务部对下属所有法人公司的往来账、费用报销、支付与总账进行处理，在按照会计准则核算了对外的财务会计以外，同时利用 SAP 对相应管理会计主体所对应的利润中心、成本中心的相关会计信息进行归集与处理，为各层级的内部管理报告编制与执行打下坚实基础；生产营销财务部及供应链财务部的会计人员全部由财务中心委派在各业务管理主体的地域所在地，扮演着管理会计的重要角色，从事财务分析、财务管控与商务业支持，从 SAP 系统中自动提取会计信息并加工，编制管理层及操作层的内部管理报告。DL 公司设计的这套财务组织架构，为内部管理报告的有效编制与执行提供了组织保障。

2. 高素质的企业内部管理人员

内部管理报告信息只有被使用者阅读、理解并被作为决策的依据时才能发挥作用。这就决定了内部管理报告的适用对象是那些拥有现代企业管理知识和适当财会知识的人。DL 公司为提升管理人员的素质，以内部管理讲师为主，外部老师为辅，每月开展营销、生产、品质和财务等管理类课程的培训。在财务管控方面，由集团分管财务的副总经理牵头，制定适合管理人员的管理会计课程，如阿米巴经营理念、内部管理报告如何编制与阅读、管会计的工具等。这些举措，积极提升了管理人员的现代企业管理水平与会计知识的运用。

另一方面，内部管理报告的编制与运用，对财务人员的知识体系提出新的要求：

①从组织的价值链系统出发，培养系统的战略思维方法。DL 公司组织管理会计人员学习 SWOT、PEST、五力模型等战略分析工具与方法，深入了解与分析 DL 公司所处行业的内外部环境变化，以及价值链系统中的主要作业活动、成本动因、创造价值等。

②深入组织流程与作业。DL 公司要求生产体系的管理会计人员深入工厂车间，了解生产作业流水线，熟悉产品成本结构与工艺流程；营销体系的管理会计人员要了解各类营销政策与市场策略，走出办公室面对面与客户交谈等。

③娴熟的内部管理报告方法论与编制技能。DL 公司要求管理会计人员理解公司组织架构与内部管理报告的理论基础，熟悉各类 ERP 信息模块，对 WORD、EXCEL 等信息化工具培训与考试并设置合格线，实行信息化工具掌握程度的强制淘汰制度。这些举措，保证了内部管理报告的编制主体——管理会计人员的整体素养提升，使内部管理报告在准确、及时、有效方面得到了人才保障。

3. 完善的信息化建设

信息技术的发展，使财务控制变得方法多样，运用自如。互联网、大数据、商务智能等使管理者更加灵活方便地利用会计信息为生产经营服务。充分利用信息化进行企业全面风险管理也成了新时代的趋势。DL 公司充分认识到内部信息化建设的重要性，并投巨资进行信息化建设。2012 年，导入世界一流的 SAP 管理系统，涵盖了采购、生产、销售、财务与供应计划等所有基本业务面。该系统的导入，实现了财务业务一体化管理，更重要的是，该系统除了满足传统的财务会计核算之外，还满足了精细化成本核算以及利润中心、成本中心等内部会计控制的要求，为 DL 公司的内部管理报告的科学性建立打了坚实的基础。在 SAP 的基础上，DL 公司还导入 PLM、SRM、SCM、WMS、QM 等外延的专业管理信息化系统。尤其是最近导入的 BI 商务智能系统，建立了决策者的动态管理驾驶舱，实现了管理人员对多类报表实时动态的查阅。这些完善的信息化建设，是内部管理报告能够实时、动态、准确实现的技术保障。

三、内部管理报告编制原则与步骤

DL公司在内部管理报告的编制与执行过程中，遵循以下相应的原则与步骤：

1. 规划层次

内部管理报告的设计应与企业的组织架构（尤其是人事组织架构）及相关的环境特征相匹配。决策者根据管理的需要，分层级设计内部管理报告体系。DL公司在实际运用中，综合考虑了营销渠道、产品来源供应与企业自身的组织架构等重要因素，制定了战略层、管理层、操作层及专题项目等完整的报告体系。

2. 确定内容

管理者对信息的需求并非越多越好，而是根据管理主体确定关键的业绩指标。DL公司在实践中，这类业绩指标除了财务指标外，还包括了以人为本、顾客与市场、过程管理、学习成长等非财务指标的确认。这些内容的确定，由财务负责人与管理主体负责人一起讨论制定，充分听取管理责任人的意见，而不是财务人员自身的事情。

3. 设计模板

DL公司的管理复杂化、需求多元化，在相同的业务范围内，设计了标准的管理报告模板，对指标或项目的定义、计算口径、表格、分析图表和填写说明采用了标准统一的格式，以满足相同业务单位的横向比较与更上一级管理报告汇总的需要。

4. 沟通培训

在全面展开之前，DL公司的相关主管部门分别召集业务单位的负责人以及该业务单位财务负责人就指标内容、编制流程、模板内容以及如何阅读与汇报进行培训和沟通，让管理主体充分理解管理报告内在的意义与报告的流程制度，充分发挥内部管理报告的效用，从而提高业务单位的经营业绩，提升企业价值。

四、内部管理报告体系在实践中的创新与成效

1. 内部管理报告体系在实践中的创新

DL公司借助阿米巴管理模式，构建了战略层、管理层、操作层的三级内部管理报告体系。其创新在于：

①公司中高层管理人员系统学习了阿米巴经营理念,并在相关业务部门引入阿米巴管理模式。根据管理的需要,把业务单位分割成细小的独立单元进行管理与财务核算,实质上就是一个特殊的管理控制系统。对经营风险进行了很好地把控。

②对财务组织架构进行重构,使财务会计与管理会计彻底分离,并在此基础上,构建了涵盖战略层、管理层和操作层三个层级的基于管理会计主体的组织架构,又称为构建内生动力的阿米巴组织。就如动车组的特点一样,经营动力结构多元化、分散分、均衡化,每一个节点都是动力制动点。责任的落实有助于信息的传递和反馈。

③基于管理会计主体的组织架构,构建相应的内部管理报告体系。综合考虑了营销渠道、产品供应来源与企业自身的组织架构等重要因素,DL公司自上而下制定了包含战略层、管理层、操作层及专题项目等的完整的报告体系。有助于风险的识别和评估。

④确定内部管理报告的具体内容和模板。DL公司在管理报告体系中不仅纳入了财务指标,还纳入了人力资本、顾客与市场、过程管理、学习成长等非财务指标。具体内容由财务负责人与管理主体负责人一起讨论确定。有助于信息的沟通和风险的控制。

⑤具有完善内部管理报告的运行环境。首先,完善信息化建设,实现财务业务一体化管理,导入外延专业管理信息化系统和BI商务智能系统;其次,构建涵盖战略财务、共享财务、业务财务的财务组织架构;最后,除定期开设营销、生产、品质和财务等管理类课程外,加大管理会计知识的培训,由集团分管财务的副总经理牵头,推出了适合管理人员的管理会计课程,为内部管理报告的准确、及时、有效执行提供了人才保障,营造了良好的内部控制环境。

2. 内部管理报告体系在实践中的成效

DL公司构建内部管理报告体系的成功实践与运用,取得了显著成效。

①该内部管理报告体系是DL公司在管理会计各项工具运用的集大成。只有充分运用好各项管理会计工具如战略地图、价值链管理、战略预算体系、业绩评价体系、成本管理体系、内部转移定价、盈利能力分析等各方面的集大成,内部管理报告才能取得良好的效果。

②内部管理报告体系是公司战略目标的承载体与经营过程的仪表盘。通过解读上年度各层次的内部管理报告,公司制定未来年度的战略目标,并层

层分解为战略层、管理层、操作层相对应的经营目标,并固化在内部管理报告相应的表格中。过程实际发生的业务数据,通过管理报告体系在每月初5号之前,及时动态地反映给各单位业务负责人。

③内部管理报告体系促进了管理的精细化过程。报告体系不仅仅是反映是财务指标,还反映了订单满足率、配送及时率、物料呆滞率、目标成本控制率等大量过程管理指标,并具有针对性地将各项指标存在的问题与数据历史趋势进行解读,促使业务单位负责人不断提升管理过程的精细化,最终提高产品质量,提升消费者对得力产品的满意度。

④内部管理报告体系成功构建以来,DL公司经营业绩一直优于同行业水平,尤其是销售规模,以年均近30%的增长速度及营业额遥遥领先同行业上市公司,成为行业10强第一名,这说明财务管控手段的提升不仅可以防范企业的经营和财务风险,还能促进企业的发展。

五、内部管理报告体系的成功实践与运用对业界的影响

DL公司基于管理会计的内部管理报告体系成功构建与实践运用,得到了外界相关主管部门与同行业的高度认可。DL公司被列入宁波市管理会计首批试点应用单位之一,笔者在2016年和2017年作为专家承担了DL公司管理会计应用试点工作的指导任务,对这一成果的产生和应用有很深的体会,内部管理报告体系可以作为基于财务控制的企业风险管理研究的重要一环进行推广。

国家财政部发布的《管理会计案例索引(三)》,以"管理会计报告体系——DL公司基于阿米巴模式的内部管理报告体系"为专门章节,对DL公司在内部管理报告体系建设方面给予专题报道与推广。这一成果还荣获了"中国第二届管理会计创新实践奖"和"浙江省企业管理创新一等奖"。

在基于管理会计的内部管理报告体系实践与运用过程中,在面对如何及时响应组织的战略发展变革、内部信息沟通不畅的补救措施、如何及时补充与修正内部管理报告的反映内容、提高会计人员与各业务单位负责人的管理会计观念等方面,还有进一步改善与提升的空间。在国内外管理会计以及基于管理会计的内部管理报告均缺乏完整理论体系的大背景下,这种理论与案例之间较好的协同,为相关企业管理者提供了实践范本,有效推动了内部管理报告的理论建设与实践发展。这也成为中小企业内部会计控制系统可以借鉴的内容,为中小企业全面风险管理,尤其是财务风险管理提供了示范。

本章小结

本章阐述了内部管理报告体系作为一种有效的控制措施如何起到控制中小企业风险的作用。并以 DL 公司为例,说明了内部管理报告体系的理论基础、运行环境与实施过程,旨在为中小企业的财务风险控制提供借鉴。

第十章

中小企业风险管理发展展望

第一节 中小企业财务管理制度创新

一、中小企业财务管理制度的重要性

财务管理制度是企业一项重要的内部控制管理制度,是企业开展财务活动、进行财务管理、实现财务目标的内部准绳。一套完整的财务管理制度包括会计核算制度、资金管理制度、经费审批报销制度、税务管理制度、财务制度、财务机构及人员管理制度等内容。

企业的财务管理是企业整个经营管理系统中的一个子系统,是对企业资金运动的管理,是一种价值管理。由于企业各方面生产经营活动的质量和效果大都可以在资金运动中得以反映,因此财务管理制度具有很强的综合性,可以对企业各项经营活动产生反馈、促进作用。

企业管理的基本依据是企业管理制度,而企业内的财务管理同样也要依据企业内部财务管理制度。财务管理制度,无论是对于大型企业,还是中小型企业都是一个很重要的管理问题。制订合适的财务管理制度才能让企业把握好自身的财务状况,在合理合规的前提下进行财务收入与财务支出活动,并获取利润。在日益激烈的市场竞争环境中,拥有竞争优势的企业或在某一期间较成功的企业,其内部的财务管理制度也一定具有其较强的优势或成功的因素;企业之间如果在某一方面存在着差距,一定是与此方面的相关管理制度及其实施效果存在着差距；企业之间如在同种产品、市场领域里的竞争存在优、劣之分，那也一定是企业之间在财务管理制度及其影响因素的表现方式、表现效果上存在着差距。财务管理制度对中小企业的重要性主要体现在下面三个方面：

1. 规范化财务管理制度及其实施，是企业实现财务管理制度创新并发挥其积极推动和促进作用的基础

企业整体的经营管理制度是企业员工在企业生产经营活动中必须共同遵守的规定和准则的总称，主要包括企业组织机构设计、职能部门划分及职能分工、岗位工作说明、专业管理制度、工作或流程、管理表单等管理制度类文件。实际上，包括财务管理制度在内的企业全部经营管理制度都要规范。企业为了生存和发展就需要有这些系统性与专业性相统一的规定和准则，就是要求员工在其职务行为中必须按照企业经营、生产、管理相关的规范与规则来统一行动及工作。如果没有统一规范的企业财务管理制度及其他经营管理制度，企业的财务管理工作及其他经营管理活动就不能正常进行，企业的经营战略与管理意图就不能实现，企业也就不能长期持续与快速发展。

当然，实施规范的企业财务管理制度，也需要规范合理的环境与条件。通常，这些环境与条件，既包括财务管理制度要规范，须符合现代企业科学管理的基本要求和具体活动的一般规律，又包括财务管理制度的实施过程要规范，要求全员的职务行为与工作程序是规范的。唯有如此，企业的财务管理乃至全部经营管理才有可能规范。

2. 创新性财务管理制度及其实施，是企业得以长期保持财务管理制度规范并发挥其积极约束与引导作用的保证

企业财务管理制度及其实施的规范化与创新性，是在相对稳定和持续改进相统一的过程中达成和呈现的。企业财务管理制度的规范化，要求企业经营管理制度既要保持相对稳定，又要不断加以改进，并实现二者间动态均衡与统一。也就是说，企业应该根据经营与管理的需要，实现财务管理制度及其他经营管理制度的相对稳定和适时改进。在企业持续发展的过程中，其财务管理制度及其他经营管理制度具有相对的稳定期间与持续的变化周期，这种稳定期间与动态周期受企业所属的行业特性、产业特征、业务性质、员工素质、外部环境、管理风格等诸多相关因素的综合影响。企业应该根据这些影响因素及其变化，控制和调节财务管理制度及其他经营管理制度，并使之具有一定的稳定性与适时的动态性。

一般而言，导致规范化财务管理制度及其他经营管理制度的变化因素主要有三类：一是企业的经营环境、经营产品、经营范围、员工素质等发生变化，这类因素的变化相应会引发企业的组织结构、职能部门、岗位职责、员工队伍、技能水平的变化，继而会导致使用、执行原有财务管理制度及其他经营管理制度的主体发生变化，由此会促使企业财务管理制度及其他经营管理制度相应地改变或完善。二是企业的产品结构、新技术应用等发生变化，它们会导致生产流程、操作程序的变化，进而引发相关的岗位职责、员工队伍及技能水平要求的变化，与之相关的财务管理制度及其他经营管理制度也随之改变或修改。三是企业的发展战略、竞争策略等发生变化，它们将促使企业不断提高工作效率、降低生产成本、扩大市场份额，进而需要企业重塑内部经营机制，改进原有财务管理制度及其他经营管理制度。

3. 规范化、创新性财务管理制度及其实施，是企业长期生存与持续成长的客观要求和必然结果

长期规范化的财务管理制度及其他经营管理制度良性动态变化，是企业不断变革与管理创新的结果。财务管理制度及其他经营管理制度的动态变化，需要企业有效的创新动力支持；企业也只有不断变革与创新，才能保证其财务管理制度及其他经营管理制度具有相对的稳定性、规范性。科学、合理地把握和利用好有利时机实施创新，是保持企业财务管理制度及其他经营管理制度规范化的最佳途径甚至是唯一途径。

科学、合理的财务管理制度及其他经营管理制度，是企业财务管理活动及其他经营管理管理制度的规范性实施与创新活动的产物，通俗地讲，企业管理制度＝规范＋规则＋创新。这是因为：一方面，企业管理制度须按照一定的规范来拟订，企业管理制度的拟订在一定意义上讲，是企业管理制度的创新，企业管理制度创新过程就是企业管理制度文件的设计、编制，这种设计或创新是有其相应的规则或规范的；另一方面，企业管理制度的拟订或创新是具有规则的，起码的规则就是结合企业实际，按照事物的演变过程和发展规律，依据企业管理的基本原理，实施创新的方法或原则，进行拟订或创新，形成规范。

总之，企业的财务管理制度及其他经营管理制度的规范化与创新性之间，是一种互为基础、互相作用、互相影响的关系。良性的循环互动就是要在两者之间保持统一和谐、彼此促进的关系，非良性的相互影响则是两者间彼此割裂、甚至互相矛盾。因此，企业管理当局应该努力使企业的财务管理

制度及其他经营管理制度的规范化与创新性之间保持并呈现出良性互动态势。也就是说,规范化制度是企业不断创新的结果,也是企业持续变革与创新管理制度的目标。当然,这又是下一轮赖以创新的基础。只有这样,企业的财务管理制度及其他经营管理制度才能在规范实施与创新变革的双重推动下持续改进和完善,并不断发挥其保证与促进企业长期健康发展的积极作用。

二、中小企业财务管理制度创新的重要性

进入 21 世纪,世界经济也步入了知识经济时代。知识经济是以知识资源为基础的一种经济形态,以智力资源的占有、分配,以信息、技术为主的知识的生产分配和使用作为最重要因素,以人的创造性知识作为最重要的生产要素。知识经济改变了中小企业资源配置的结构,是经济的进一步深化。知识经济是创新经济,而创新是经济发展的内在动力,是提高竞争优势和保持可持续发展的关键。在知识经济时代,创新将是企业之间进行竞争的利剑。而知识创新、管理创新将作为知识经济时代的重要特征。在这种情况下,作为中小企业管理的核心——财务管理制度,在迎接冲击与挑战的同时更需要创新。

为适应社会主义市场经济的需要,全国于 2007 年 1 月 1 日起正式实施新的《企业财务通则》。该《通则》的第二章规定了中小企业的财务管理制度的六条要求:

一是企业实行资本权属清晰、财务关系明确、符合法人治理结构要求的财务管理体制。企业应当按照国家有关规定建立有效的内部财务管理级次。企业集团公司自行决定集团内部财务管理体制。

二是企业应当建立财务决策制度,明确决策规则、程序、权限和责任等。法律、行政法规规定应当通过职工(代表)大会审议或者听取职工、相关组织意见的财务事项,依照其规定执行。企业应当建立财务决策回避制度。对投资者、经营者个人与企业利益有冲突的财务决策事项,相关投资者、经营者应当回避。

三是企业应当建立财务风险管理制度,明确经营者、投资者及其他相关人员的管理权限和责任,按照风险与收益均衡、不相容职务分离等原则,控制财务风险。

四是企业应当建立财务预算管理制度,以现金流为核心,按照实现企业价值最大化等财务目标的要求,对资金筹集、资产营运、成本控制、收益分配、重组清算等财务活动，实施全面预算管理。

五是规定了投资者的财务管理职责主要包括：审议批准企业内部财务管理制度、企业财务战略、财务规划和财务预算；决定企业的筹资、投资、担保、捐赠、重组、经营者报酬、利润分配等重大财务事项；决定企业聘请或者解聘会计师事务所、资产评估机构等中介机构事项；对经营者实施财务监督和财务考核；按照规定向全资或者控股企业委派或者推荐财务总监。投资者应当通过股东（大）会、董事会或者其他形式的内部机构履行财务管理职责，可以通过企业章程、内部制度、合同约定等方式将部分财务管理职责授予经营者。

六是规定了经营者的财务管理职责主要包括：拟订企业内部财务管理制度、财务战略、财务规划，编制财务预算；组织实施企业筹资、投资、担保、捐赠、重组和利润分配等财务方案，诚信履行企业偿债义务；执行国家有关职工劳动报酬和劳动保护的规定，依法缴纳社会保险费、住房公积金等，保障职工合法权益；组织财务预测和财务分析，实施财务控制；编制并提供企业财务会计报告，如实反映财务信息和有关情况；配合有关机构依法进行审计、评估、财务监督等工作。

企业的财务管理必须有基本完善的财务管理制度。财务管理制度的制订必须合理，首先要符合国家的相关法律法规的要求，其次是符合本企业的实际情况。也就是说在企业中财务工作的重点就是财务制度的建立与健全，它显示了财务管理在企业管理中的重要地位。

中小企业创新体系包括制度创新、管理创新和技术创新三个相辅相成、不可或缺的组成部分。制度创新是管理创新和技术创新的前提和基础，技术创新作为一种技术保障机制为制度创新和管理创新提供物质条件，管理创新则是另两种创新的组织保证。中小企业的财务管理制度创新在这种创新理论中扮演了尤为重要的角色。财务创新理论是在现有创新理论的基础上发展起来的。作为一种发生在中小企业的财务管理系统内的创新活动，财务管理制度的创新既是一种管理创新，也是一种制度创新。从管理创新的角度看，企业通过财务管理制度的创新重新组合了财务管理中的各种要素，并创造出一种更适合企业发展的财务资源整合范式。从制度创新的角度看，财务管理制度的创新集中体现为财务治理和财务控制的创新。

1. 从管理创新角度看中小企业财务管理制度创新的重要性

中小企业财务管理制度创新，是指财务制度在管理层面的创新，是企业为适应环境变化而对财务管理要素所进行的重新组合,从而重构和建立自身的财务能力。在中小企业持续创新的过程中,财务管理制度的创新发挥了至关重要的作用。有效的财务管理制度创新能够在环境不断变化的背景下,快速有效地整合财务资源,适时调整投资融资方案和营运资本管理策略,从而更好地实现中小企业的财务目标。中小企业的财务管理制度创新是管理创新的核心和主导性创新。

2. 从制度创新角度看中小企业财务管理制度创新的重要性

中小企业财务管理制度创新是指利益相关者之间为达到利益协调与合作的目的而对财务合约进行的重新安排。制度创新理论认为,一种新的安排只有在当创新改变了潜在的利润或者创新成本的降低使得变迁变得经济合算时才会发生。也就是说,游离于现有制度安排之外的利润产生了企业制度创新的需求。

企业制度创新表现为从一种均衡状态到不均衡状态再到新的均衡状态的制度变迁过程。中小企业财务管理制度的创新体系主要包括财务治理与财务控制两个方面的创新。财务治理与财务控制是两个既有区别又相互联系的概念。财务治理的核心是解决财权在不同治理主体之间的配置问题,注重利益相关者之间的利益协调;而财务控制的核心则是通过一系列的控制措施和方法进行企业的价值管理,反映了财务管理的基本职能,属于内部控制的范畴。财务治理与财务控制无论在实务还是理论上都是两个相互联系的概念范畴,财务治理与财务控制的创新应当齐头并进。

三、中小企业财务管理制度创新的实现

中小企业的可持续发展更是一个不断学习和创新的过程,创新是中小企业发展的源头和动力,任何一个在财务管理制度方面缺乏创新甚至于停滞的企业,都无法在激烈的市场竞争中生存下去。

1. 中小企业财务管理制度创新的措施

(1) 中小企业财务管理制度在观念上的创新

财务观念创新是中小企业一系列财务创新的前提和基础,只有财务观念创新才会产生突破惯性思维的动力。当前,学术界提出了多种财务观念创新的观点,如李心合(2005)提出了泛财务资源、融智比融资更重要、人本财务等三种财务新观念。刘建华等(2016)认为在知识经济条件下,企业应当树立普适化财务观念、层级性财务观念及业务层财务观念。这些创新观念体现了由注重传统财务资源转向注重泛财务资源、从以物为中心的管理转向人本管理、由单纯注重生产经营转向生产经营与资本经营并重等几种转变。这当然是观念上的重大进步和创新。然而，这些财务创新观念都是基于一般企业提出来的。中小企业财务的特质决定了财务观念的创新应当有别于一般企业。财务观念的创新必须有助于指导实践，允许观念的超前，但必须具有一定的可行性。因此，中小企业财务管理制度在观念上的创新必须结合自身的成长阶段，以有利于可持续发展为准绳，不可盲目地"赶时髦"，否则"浮夸""时尚"的观念可能阻碍了中小企业的发展。根据中小企业的成长历程，可以把财务观念的创新分为早期观念创新和后期观念创新。早期财务观念创新集中于初始的观念，比如在成长初期，中小企业资本受到明显限制，这时可能注重传统财务资源比较合适。后期财务创新集中于高级观念，并开始接近大企业的财务观念。总的来说，任何中小企业的成长都会经历从早期到后期的观念转变。然而，早期观念与后期观念并不是泾渭分明，中小企业应当根据各阶段关键性资源的稀缺程度秉持合适的财务观念。就中小企业具体某个成长阶段来说，还可以把财务观念的创新分为当期的观念创新和远期的观念创新。当期的财务观念用于指导现阶段财务活动，远期的财务观念起到一个远景性的指导作用。

（2）中小企业财务管理制度在融资上的创新

中小企业融资难是世界普遍性的问题，已成为中小企业可持续发展的重要障碍之一。目前，中小企业的财务管理制度在融资上的创新也是解决中小企业融资难问题和促进企业可持续发展的有效路径，并且是其他途径发挥有效作用的基础。融资创新是指中小企业因"惯例"无法适应内外部环境变化而在融资环节所进行的变异性重构和建立，并由此获得促进可持续发展的融资能力。总的来说，中小企业可以从以下几个方面实现融资的创新：一是积极建设信用创造与管理体系。中小企业可以通过对自身信用策略制订、信用治理设计、信用信息渠道选择、信用风险要素分析、信用的度量等方式进行信用创造和管理活动，从而向外部投资者、客户、供应商、相关利益者提供企业信用状况的信息，有效缓解与各市场参与者之间的信息不对称状态，并通过制订信用策略、融资策略、投资策略以及通过股利分配、应收账款管理、信息披露等，提高企业的价值。二是积极创新中小企业融资方式。中小企业可以充分利用金融工程技术创新传统的融资方式，金融工程技术通过某些信号显示机制或激励机制，为中小企业的信用状况提供内部或外部的保证，从而在一定程度上降低了信用风险，进而增强了企业的融资能力。由于中小企业和大企业有着不同的成长阶段和财务特质，融资创新的内容会有一些差异，可能存在这样的情形：就中小企业而言属于创新的融资方式，对大企业来说有可能是极其平常的融资方式。因此，创新也应当与中小企业自身的融资能力、成长特征等结合起来，只要新的财务管理制度在融资方式上可以促进中小企业的可持续发展，那么它就是一种创新的融资方式。三是培育良好的财务关系。财务关系是企业在融资活动中与银行等金融机构之间所形成的合作与共享关系，集中体现了企业的财务管理人员对资本市场知识的把握、对金融机构信息的了解、对企业经营活动的准确把握，其中也包含了财务人员在资本市场上的公共关系。良好的财务关系可以增强中小企业的融资能力，并在一定程度上缓解中小企业的融资困境。

（3）中小企业财务管理制度在投资上的创新

中小企业财务管理制度在投资上的创新是指企业为重构和建立投资能力而进行的资源要素的重新整合。根据投资现状，中小企业可以在以下几个方面有所创新：一是树立科学的投资理念，如理财理念、长线投资理念、社会责任理念。二是建立科学的投资决策体系。中小企业强烈的成长意愿与技术开发能力、市场开拓能力及管理能力缺乏之间的矛盾，决定了其理财思想较大企业更为稳健，切忌操之过急、盲目扩展。一方面，任何投资决策应该围绕企业发展战略。另一方面，建立有效的决策支持系统和专家系统，提高管理者的决策能力。三是研发投资创新。中小企业应当打破"自我开发—自我生产—自我销售"的封闭模式，建立一种全新的、开放式的产品技术开发机制，包括合作技术创新、委托开发以及技术转移和技术服务。

（4）中小企业财务管理制度在财务治理上的创新

财务治理作为公司治理的一部分，在研究问题的角度、思路和方法等方面必然要遵循、借鉴公司治理理论。应当说，公司治理理论对财务治理理论的指导是全方位的。通常中小企业最重要的代理关系可以归纳为5类，即业主与经理、业主与雇员、业主与债权人、业主与少数股东、业主与政府之间的代理关系等。在中小企业不同的组织形式中，代理关系有一些差异。但是对绝大多数中小企业来讲，业主往往同时兼任经理之职，因此，中小企业所有者与企业经营者之间的代理关系一般不存在或者很微弱。规模越小，这一代理关系越淡薄。也就是说，对于绝大部分来说，控制权和经营权的分离基本上是不存在的。而且，许多中小企业实行家族式管理，远未建立起现代公司的法人治理结构。可见,中小企业的代理关系与大企业的代理关系有较大差异。在这样的情形下,中小企业的公司治理将表现出与大企业显著不同的特征。然而,尽管大多数中小企业不存在所有者和经营者之间的代理问题,但并不意味着其他代理问题也可忽略不计。由于企业主和经理是合二为一的,企业的主要财务决策往往由企业主一人定夺,这样不可避免地使企业的财务决策受企业主个人效用最大化目标的驱使,使得个人价值取向和偏好融入企业的财务目标之中。在这样的背景下,财务治理实质上是企业主主导型的治理结构。但企业主的目标与债权人、顾客、雇员、政府等企业利益相关者的目标往往是不一致的。从利益相关者理论出发,公司治理应当为利益相关者服务,因为雇员等也是风险的承担者。因此,中小企业的财务管理制度在财务治理上应当兼顾利益相关者的利益,并让关键性资源所有者参与财务治理。中小企业尤其是科技型中小企业中,有必要让雇员等参与财务治理。关键性资源所有者参与治理也是激励—约束机制的一种创新体现,可以大大激励关键性资源所有者的积极性,从而为中小企业的可持续发展投入专业化资源。

(5) 中小企业财务管理制度在财务控制上的创新

财务控制是现代控制论在财务管理活动中的应用,是财务管理的核心,它与财务预测、财务决策、财务分析与评价一起成为财务管理的内容或职能。由于受企业规模和人员素质的限制,中小企业的财务控制存在诸多缺陷,如缺乏良好的现金控制计划、存货控制薄弱,等等。对此,中小企业的财务管理制度在财务控制上有必要进行创新。财务控制创新是财务控制能力的重构和建立。由于中小企业与大企业的财务控制能力原本就处于不同的水平上,因此,大企业和中小企业财务创新的衡量标准是不一致的。作者认为,只要是能够提高自身的控制效率、风险防范能力的新的控制方式和方法都是创新。中小企业的财务控制创新主要包括:

①再造财务控制流程。由于不同组织的性质、目标、业务、管理不同,其财务控制流程也有所差异。当前许多中小企业的财务控制流程与业务流程是脱节的,企业无法对业务活动实施实时监控。这样的结果很可能导致采购、生产、销售等各价值链环节的失控。因此,中小企业有必要树立价值链财务的观点,将财务控制流程与业务流程紧密结合起来,让财务人员嵌入业务活动。

②中小企业还需建立全方位的财务控制体系。一个全方位的财务控制体系至少应当包括两项内容:一是运用实时的财务控制方法,如预算管理、财

务结算中心、财务业绩评价等，从而对业务活动展开事前、事中、事后的监控。二是设立多道财务防线，为财务活动稳健、高效运行提供有力保障。

③注重关键点的财务控制创新。所谓关键控制点是指对该点的控制效果和效率将决定整个控制体系的效果和效率。中小企业的关键控制点在现金、存货和信用风险。当前许多中小企业的财务管理制度在财务控制上的漏洞就发生在这三个关键点上。总之通过创新，企业可以与外部利益相关者保持良好的协调与合作关系，同时在企业内部实施有效的财务控制。

2. 中小企业财务管理制度创新的内容

(1) 建立健全内部稽核制度和内部牵制制度

内部稽核制度是财务管理制度的重要组成部分，它主要包括：稽核工作的组织形式和具体分工；稽核工作的职责、权限；审核会计凭证和复核各种财务账簿、报表等方法。稽核工作的主要职责是：审核财务、成本、费用等计划指标是否齐全，编制依据是否可靠，有关计算是否衔接等；审核实际发生的经济业务或财务收支是否符合有关法律、法规、规章制度的规定，若发生问题要及时加以改正；审核财务凭证、财务账簿、财务报表和其他财务资料的内容是否合法、真实、准确、完整，手续是否齐全，是否符合有关法律、法规、规章、制度规定的要求；审核各项财产物资的增减变动和结存情况，并与账面记录进行核对，确定账实是否相符，并查明账实不符的原因。

内部牵制制度规定了涉及企业款项和财物收付、结算及登记的任何一项工作，必须由两人或两人以上分工处理，以起到一种相互制约的作用。例如，出纳人员不得兼任稽核、财务档案保管和收入、支出、费用、债权债务账目的登记工作，即"管账不管钱，管钱不管账"。通过内部稽核制度和牵制制度的建立，既能够保证各种财务核算资料的真实、合法和完整，又能使各职能部门的经办人员之间形成一种相互牵制的机制。

(2) 建立健全内部审计制度

内部审计是实施再监督的一种有效的手段。其目的是为了健全企业的内部控制制度，严肃财经纪律，查错防弊，改善经营管理，保证企业持续健康发展，提高经济效益。在建立内部审计制度时，要坚持内部审计机构与财务机构分别独立的原则，只有这样才能更好地实施财务人员的再监督作用。

(3) 建立财务审批权限和签字组合制度

企业建立财务审批权限和签字组合制度的目的在于加强企业各项支出的管理，体现财务管理的严格控制和规范运作。财务上的每一笔支出应按规定的程序进行审批；在签字组合中规范了每一笔支出的单据应根据审批程序和审批权限完成必要的签名，同时还应规定出纳只执行完成签字组合的业务，对于没有完成签字组合的业务支出，出纳员应拒绝执行。小企业通过建立财务审批权限和签字组合制度，对控制不合理支出的发生及保证支出的合法性能起到积极的作用。

(4) 建立成本核算和财务分析制度

成本核算制度的主要内容包括成本核算的对象、成本核算的方法和程序以及成本分析等。特别要提到的是成本分析是财务会计人员的一项重要职责，企业的经营者必须定期了解资金状况和现金流量。企业财会人员也要定期向经营者提供成本费用方面的各种报表，以利于经营者进行成本分析、成本控制和效益衡量。企业通过财务分析制度的建立，确定财务分析的主要内容、财务分析的基本要求和组织程序、财务分析的方法和财务分析报告的编写要求等，使企业掌握各项财务计划和财务指标的完成情况，检查国家财经制度、法令的执行情况，有利于改善财务预测、财务计划工作，研究和掌握企业财务会计活动的规律性，不断改进财务会计工作。

(5) 规范财务基础工作

在市场经济条件下，企业的管理者应该认识到财务人员服务主体、核算范围以及信息质量的新特点。由于财务管理工作不仅影响到企业与国家的分配关系，亦影响到社会各方面的利益关系，因而企业应将协调各方面的利益关系、抵制和防范各种市场风险作为基点，使财务信息能够真实、公允地反映企业资金的运转情况、经济效益的提高情况及企业的发展前景。因而，企业的管理者应提高对财务核算和财务管理重要性的认识。

四、中小企业财务管理制度创新中需要注意的问题

从财务管理制度创新的模式中我们可以看到，对于企业财务管理制度的转变而言，这是新形势下企业发展的当务之急，也是知识经济、网络经济以及经济全球化的客观要求。

1. 创新财务管理制度在模式上的措施

(1) 转变企业理财观念

网络经济的兴起，使创造企业财富的核心要素由物质资本转向知识资本。企业理财必须转变观念，不能只盯住物质资产和资本。首先，要认识知识资本，了解知识资本的来源、特征和特殊的表现形式。其次，要承认知识

资本，即认可知识资本是企业总资本的一部分，搞清知识资本与企业市场价值和企业发展的密切关系以及知识资本应分享的财富。最后，要重视和利用知识资本。企业既要为知识创造及其商品化提供相应的经营资产，又要充分利用知识资本使企业保持持续的利润增长。可以说，转变企业理财观念是实现财务管理目标转变的基石，也是网络经济下财务管理制度创新的根本保证，不能不予以高度重视。

（2）加强网络技术培训

网络技术的普及与应用程度直接关系到财务管理制度创新的成功与否。普及面广，在企业财务管理中应用程度深，加之有针对性地对财务人员进行网络技术培训，就可提高财务人员的适应能力和创新能力。事实表明，对财务人员加强信息与网络技术，有利于在网络经济下实现企业财务管理制度的成功创新。

（3）建立财务风险预测模型

随着互联网在商业中的广泛应用，在企业内部作为数据管理的计算机往往成为逃避内部控制的工具，经济资源中智能因素的认定将比无形资产更加困难。在企业外部，由于"媒体空间"的扩大，信息传播、处理和反馈的速度大大加快，商业交易的无地域化和无纸化，使得国际资本流动性加大，资本决策可在瞬间完成。因此，建立新的财务风险预测模型势在必行。该模型应该由监测范围与定性、预警指标选择、相应阈值和发生概率的确定等多方面组成，并能对企业经济运行过程中的敏感性指标（如保本点、收入安全线、最大负债极限等等）予以反映。这样，将风险管理变为主动的、有预见性的风险管理，就能系统地辨认可能出现的财务风险。

（4）采用集中式财务管理模式

互联网的出现，也使得财务集中式管理成为可能。企业可以综合运用各种现代化的计算机和网络技术手段，以整合实现企业商务为目标，开发能够提供互联网环境下财务管理模式、财会工作方式及其各项功能的财务管理软件系统，该系统至少应包括核算的集中化、财务控制的集中化、财务决策的集中化三部分。采用集中式管理，将会提高财务数据处理的适时性，减少中层管理人员，使最高决策层可与基层人员直接联系，管理决策人员可以根据需求进行虚拟结算，实时跟踪市场情况的变化，迅速做出决策。

（5）建立网络信息安全保障体系

在宏观方面，需要制定相关的政策，以法制手段来强化网络安全。这主要涉及网络规划与建设、网络管理与经营、网络安全、电子资金划转的认证等法律。从管理上维护系统的安全,建立信息安全管理机构和切实可行的网络管理规章制度,加强信息安全意识的教育和培训,提高财务人员素质,特别是高层管理者的安全意识,以保证网络信息安全。从技术上采取措施,在企业内部网和互联网之间要加一道防火墙,防止黑客或计算机病毒的袭击,保护企业内部网中的敏感数据。另外,将数字签名技术应用于电子商务的身份认证,可以防止非法用户假冒身份,从而保证电子支付的安全,为实现财务管理制度的创新提供重要保障。

2. 加强财务管理制度创新中的风险防范

除了要注意创新财务管理制度在模式上的措施,中小企业还应该从企业外部的各种因素中寻找预防财务风险问题的一些措施。目前很多外部因素影响着诸多中小企业财务控制的顺利健康发展,要解决外部诸多问题,主要应该通过以下几点措施进行探讨。

(1) 强化风险管理意识

企业的财务管理者应意识到,随着知识经济时代的到来,企业会面临更多的风险,如果由于知识积累和革新速度加快,管理者却不能及时做出反应,使企业面临经营风险,就是财务管理不成功的体现。

(2) 加强信用管理

首先,要确定选择客户的信用标准。尽量减少由于客户拒不付款或无偿债能力导致的坏账成本。所以,财务管理部门要认真研究客户信用状况,为确定客户提供依据。其次,要根据实际情况给客户以适当的信用期限,使客户尽早付款,促使资金尽快回笼。最后,加强对营销队伍的管理,明确发货及收款权责,将货款回收状况同营销人员报酬挂钩,充分调动营销人员发货收款的积极性。

(3) 提高财务实力

拥有雄厚的财务实力是防范风险的根本。而企业财务实力的提高主要依靠生产、经营、筹资、投资等多方面的综合战略安排来实现。这就需要企业的财务管理部门制定一整套筹融资、投资计划,并切实执行,实现企业的经营目标。

(4) 建立风险监控机制

企业财务预测是对未来融资需求的估计,其是否准确对于防范财务风险有重要作用。准确的财务预测可以使企业了解自己的资金需求,提前安排筹融资计划,并根据融资情况安排生产和投资。与此同时,建立风险监控机制,使企业具备风险预警机制,能对生产经营过程中的问题进行有效监测,并及时进行信息反馈,使管理者及时对与预期不符现象进行调整和修正,把风险降到最低程度。

(5) 提高财会管理人员的素质

财务管理人员必须对财务风险有敏感的、准确的职业判断能力,在自己职责范围内准确发现和估计潜在的财务风险,在利用理论方法进行分析的同时,能对具体环境下的风险作出判断和提出解决方法。

中小企业的财务管理制度的创新,不仅可以为企业财务活动带来新的活力,加强中小企业的财务风险管理,促进广大中小企业的健康顺利发展,也给中小企业的内部控制和风险管理的理论和实践发展提供了一条好的思路。近十年来,关于中小企业财务管理的研究硕果累累,呈现出的良好态势,为我国的中小企业快速发展提供了重要的理论保障。

第二节 内部控制及全面风险管理理论的发展

一、我国内部控制的发展

内部控制是为合理保证单位经营活动效益性、财务报告的可靠性与法律法规的遵循性,而自行检查、制约和调整内部业务活动的自律系统。它贯穿于经营活动的全部过程,包括控制环境、风险评估、控制活动、信息与沟通,监督等要素,并受企业董事会、管理层及其他人员影响。内部控制制度即指各级管理部门在本单位、本部门内部因分工而产生的相互制约、相互联系的基础上,采取一系列具有控制作用的方法、措施和程序,并以规范化、系统化、制度化所形成的一整套严密的控制机制。

1. 现代内部控制出现阶段

1986 年财政部颁发《会计基础工作规范》,其中对内部控制进行了明确的规定,这一阶段开始把控制环境作为一项重要内容与会计制度、控制程序一起纳入内部控制结构之中,并且不再区分内部会计控制和管理控制。控制环境反映组织的各个利益关系主体对内部控制的态度、看法和行为;会计制度规定各项经济业务的确认、分析、归类、记录和报告方法,旨在明确各项资产、负债的经营管理责任；控制程序是管理当局所确定的方针和程序，以保证达到一定的目标。

1996年12月，财政部发布了《独立审计准则第9号——内部控制和审计风险》，对内部控制进行了权威性解释，即"是被审计单位为了保证业务活动的有效进行，保证资产的安全完整，防止、发现、纠正错误与弊端，保证会计资料的真实、合法、完整而制定和实施的政策与程序"，并提出了内部控制"三要素"，帮助注册会计师判断是否信赖内部控制，以确定审计的性质、时间与范围。这是我国现代第一个关于内部控制的行政规定，它的发布标志着我国现代内部控制建设拉开了序幕。

有了《会计法》之后，我国系统的内控制度建设起来了。1999年修订的《会计法》第一次以法律的形式对建立健全内部控制提出原则性要求，财政部随即连续制定发布了《内部会计控制规范——基本规范》等7项内部会计控制规范。1999年修订的《会计法》颁布不久，财政部根据《会计法》的有关精神，于2000年初组成了内部会计控制研究小组，就内部会计控制的总体思路等问题进行研究。2001年6月财政部发布了《基本规范》和《内部会计控制规范——货币资金（试行）》，在其中明确了单位建立和完善内部会计控制体系的基本框架和要求以及货币资金内部控制的要求。

上述两个《内部会计控制规范》的发布，对我国加强单位内部会计监督与控制的理论与制度建设，具有划时代的意义，同时也标志着我国会计法规建设进入到一个更新、更高的新境界。

2. 重视内部控制阶段

2006年，国资委发布《中央企业全面风险管理指引》，对内控、全面风险管理工作的总体原则、基本流程、组织体系、风险评估、风险管理策略、风险管理解决方案、监督与改进、风险管理文化、风险管理信息系统等进行了详细阐述。这是我国第一个全面风险管理的指导性文件，意味着中国走上了风险管理的中心舞台。

2008年，财政部、证监会、审计署、银监会、保监会等五部门采用COSO组织1992年发布的内部控制框架要素和内容，联合发布了《企业内部控制基本规范》。该《规范》自2009年7月1日起先在上市公司范围内施行，鼓励非上市的其他大中型企业执行。《规范》的发布，标志着我国企业内部控制规范体系建设取得重大突破。

3. 内部控制全面应用阶段

2010年，财政部、证监会、审计署、银监会、保监会等五部门刚刚联合并发布了《企业内部控制配套指引》。该配套指引包括《企业内部控制应用指引》《企业内部控制评价指引》和《企业内部控制审计指引》，连同此前发布的《企业内部控制基本规范》，标志着适应我国企业实际情况、融合国际先进经验的中国企业内部控制规范体系基本建立起来了。为确保企业内控规范体系平稳顺利地实施，财政部等五部门制定了实施时间表：自2011年1月1日起首先在境内外同时上市的公司施行，自2012年1月1日起扩大到在上海证券交易所、深圳证券交易所主板上市的公司施行；在此基础上，择机在中小板和创业板上市公司施行；同时，鼓励非上市大中型企业提前执行。

4. 内控应用中要注意的问题

随着内部控制和风险管理的思想越来越深入人心，在以人为本的今天，内部控制理论和实务工作者应以行为理论为指导，加强内部控制方法研究，创新管理理念和管理流程，将内部控制向人性化管理方向发展，使管理者和被管理者的积极性和创造性在工作中得到充分发挥。中小企业的负责人必须提高对内部控制的重视程度，同时企业的每个管理者和每个员工都要清楚自己在企业中的作用和在内部控制中的位置和角色。只有企业负责人重视内部控制工作，每个人都明确自己的分工，与整个企业积极协调一致，才能推进企业内部控制的有效运行。同时，政府只有在不断完善内部控制法规的基础上，采取一定的措施加大内部控制推进力度，可以采用达标、规范化等具体措施，切实引导企业尽快推行内部控制，促进内部控制尽快应用于企业经营管理活动之中。

二、企业风险管理框架的演变

继2004年《企业风险管理——整合框架》发布以来，理论界和实务界一直没有停止对风险管理理论的探索。从2004版框架发布至今已有十几年时间，这十几年间，风险的复杂性发生了重大变化，由于新环境、新技术的不断演变，新的风险也层出不穷。在此前提下，COSO在2014年启动了首次对风险管理框架的修订工作，新版本更新的内容主要包含：变更了题目和框架展现方式；应用了要素和原则的编写结构；简化了企业风险管理的定义；强调了风险和价值之间的关联性；重新审视了企业风险管理整合框架所关注的焦点；检验了关于文化在风险管理工作中的定位；提升了对战略相关议题的研讨；增强了绩效和企业风险管理工作的协同效应；体现了企业风险管理支持更加明确的做出决策；明确了企业风险管理和内部控制的关系；优化了风险偏好和风险承受度的概念。

没有变化的部分是保留了2004年发布的《企业风险管理——应用技术》，只是对框架本身进行了更新，风险管理工作者仍然可以使用2004年发行的风险管理相关工具和技术。

以下对企业风险管理的最新情况做一下总结：

1. 重新定义了风险及风险管理

对企业风险管理工作进行了重新定位，从把风险管理作为一个看似独立的工作与战略和绩效相协同，到把风险管理工作真正融入战略和绩效管理的工作中，这种变化表达了将风险管理工作融入企业管理和业务的最佳实践。风险被重新定义为事项发生并影响战略和商业目标实现的可能性。风险的范畴扩大到了对风险的"正面"和"负面"影响兼顾。企业风险管理被定义为：组织在创造、保持和实现价值的过程中，结合战略制订和执行，赖以进行管理风险的文化、能力和实践。新定义包括文化和能力而不只是过程，更加强调风险与价值的相结合，突出价值创造而不只是防止损失，将风险管理工作直接从"一个流程或程序"提升到"一种文化、能力和实践"，用以实现组织创造、保持和实现价值。另外，也从定义上撇清了风险管理和内部控制的关系。

2. 一个真正的"管理框架"而不再是"控制框架"

企业风险管理框架中的要素和原则从围绕企业战略和绩效，变成了贯穿融入企业战略、绩效和价值提升。新的框架从企业使命、愿景和核心价值出发，定位的宗旨为提升主体的价值和业绩，强调嵌入企业管理业务活动和核心价值链，从主要的要素和内容看也有很大的变化，从而使得一个崭新的"管理框架"诞生，对企业管理界来说是一场理念的变革。如果说在原有"控制框架"下，会计师事务所可以在实施内部控制框架的基础上，协助企业加强风险管理工作，但新的"管理框架"更像是企业决策者或企业管理咨询顾问关心的范畴。近年来，基于风险导向的管理理念逐渐兴起，企业管理领域中常见的公司治理、企业文化、战略管理、卓越绩效、危机管理、高效沟通等都可以应用此套框架实现标准化和科学化，因为基于风险的管理理念将成为主流并渗透到企业管理的各个方面。

3. 更广泛的主体适用性

虽然框架名为《企业风险管理》，但 COSO 希望这个框架可以适用于任何类型、任何规模的组织，包括营利机构、非营利机构、政府部门等。所以 COSO 期望的主体适用性已经从企业面向了各类型的主体。从理论上来讲，只要一个主体有明确的愿景、使命和核心价值观，设定了所要期望达到的目标，风险管理框架就具备了被实施的条件。但是目前关于非营利机构、政府部门等实施风险管理框架还是一个新的领域，这些领域最佳实践的出现有待进一步探讨和尝试。

4. 五要素和 20 个原则

风险治理和文化组成了 ERM 所有其他部分的基础。风险治理定下主体的基调，加强 ERM 的重要性并确立 ERM 的监管责任的分配；文化则是主体的价值观、行为准则和对风险的理解。要素不变的情况下具体界定的原则包括：实现董事会对风险的监督；建立治理和运作模式；定义期望的组织行为；展现对诚实和道德的承诺和加强问责；吸引、发展并留住优秀的个体；考虑风险和业务环境；定义风险偏好；评估可供选择的战略；设定商业目标；识别执行中的风险；评估风险的严重程度；区分风险的优先次序；识别和选择风险响应；评估执行中的风险；建立风险的组合观；信息和技术在支持企业风险管理上应用；沟通风险信息；对风险、文化和绩效进行报告；对重大变化进行监控和对 ERM 进行监控。

5. 关于风险管理和内部控制的关系

在 2004 版企业风险管理框架应用环境中，描述了风险管理和内部控制的关系："内部控制主要聚焦在主体的运营和对于相关法律法规的遵从性上。""企业风险管理的相关概念并没有包含在内部控制中（例如，风险偏好、风险承受度、战略和目标设定等概念，这些都是内部控制体系实施的前提条件）"。为了避免重复，一些在内部控制中比较常见的概念部分，风险管理新框架并未重复叙述（例如，与财务报告目标相关的舞弊风险、与合规目标相关的控制活动、与运营目标相关的持续及独立评估）。然而，一些内部控制的概念在本框架中被进一步研究和深化了（例如，企业风险管理中的治理和文化部分）。在 COSO 公布的《常见问题》解释上，COSO 表明两个体系并不是相互代替或取代，而是侧重点各不相同，具有相互补充的作用，但同时也强调了内部控制作为一种经历时间考验的企业控制体系，是企业风险管理工作的一个基础和组成部分。随着新框架在企业的实施，相信二者的关系和界限会越来越清晰。

6. 关于是否强制实施

实施风险管理工作是为股东和利益相关方创造、保持和实现价值，这些并不能通过外部监管机构以强制的方式来执行，所有需要监管机构强制要求的工作都是控制类而非价值创造类。所以各类主体的利益相关方需要明确实施风险管理工作并不是满足监管和合规要求，真正的目的是为了实现价值和达成业绩，支持主体使命、愿景和核心价值的实现，这是为了满足更高层次的诉求。

三、理论发展对我国企业风险管理的启示

1. 更好地区分风险管理和内部控制的边界

在企业风险管理体系和内部控制体系建设方面，中国企业积累的经验在全球范围内独树一帜，源于过去十几年中国企业走过的坎坷之路。2006年，国务院国资委发布《中央企业全面风险管理指引》，开启了中国企业尤其是中央和地方国有企业建设全面风险管理体系的浪潮，在国务院国资委的推动下，绝大多数中央企业几年内建立起了全面风险管理体系。2008年，财政部发布《企业内部控制基本规范》，要求大中型企业尤其是上市公司建立健全企业内部控制体系，2013年，这些要求又在中央企业推广和落实。对于部分企业来说，无论是企业风险管理还是内部控制都属于新生事物，这两个体系从两个国家部委的角度一前一后进行要求和推广，很多企业感到迷惑，不知道如何处理这两个体系以及这两个体系和企业管理之间的关系，造成了一定的管理混乱和资源重复投入，这些问题从最开始理论框架的设计上确实没有划分清晰的界限。对于风险管理和内部控制的关系，2013年COSO发布的内部控制框架更新版文件附录中提出，企业风险管理是企业治理内容的组成部分，企业内部控制是企业风险管理内容的组成部分，从理论和实践经验看，大部分专家还是比较认可这种关系界定的。此次ERM新框架中，对于风险管理和内部控制的关系也做了进一步的阐述，新框架中有意规避了旧框架中对于控制活动的描述，把控制活动的内容留给了内部控制体系，而突出了风险的治理和文化的内容，以及强调和战略及绩效的关系，算是给两个体系"分家"做了个"了断"。期待实践界可以尽快研究如何应用，尽快形成企业风险管理体系建设的行业最佳实践。

2. 推动风险管理与企业管理有机融合

真正的风险管理工作是要支持管理决策的，而不仅仅是建立内部控制制

度和流程,虽然 COSO 新版的 ERM 框架已经开始回到"正轨",国际上某些一流的风险管理咨询公司多年前为客户提供的风险管理方法论就是为企业的战略和管理决策提供支持,将风险管理工作融入管理决策的各个流程与环节中,这才是风险管理的真正价值所在。

第三节 中小企业财务风险管理发展展望

中小企业财务管理的发展动力来自于社会经济环境的变化,来自于企业内外对风险管理的需求,来自于技术进步带来的能够以先进的手段和方法适应未来环境和需求不断变化的能力。在信息技术突飞猛进的时代,财务风险管理作用的空间会更加深入而广泛,作用的形式会更加灵活和多样,作用的手段会更加先进。与此同时,随着财务风险管理越来越受到企业和社会的认同和重视,其在理论上的发展和实践中的操作都将变得有章可循,这样便能够给中小企业更多实际的指导,使得企业在经营中取得更大成效。

一、本书的总结

本书以中小企业为研究对象,旨在从财务控制的角度提出中小企业财务风险管控的基本框架,给出一套适合中小企业的财务风险管理体系,为加强中小企业财务控制和风险管理能力提供理论指导和实践参考。主要的内容如下:

①界定了中小企业的范围及其财务管理特征,分析了中小企业的资金运行系统,研究了中小企业在不同发展阶段财务战略的选择机制以及财务风险与经营风险的权衡机制,并剖析了中小企业财务控制机制及财务控制内容。

②在揭示财务控制与财务风险管理逻辑关系的基础上,设计了基于COSO 风险管理框架(2004)的中小企业财务风险管理体系,并建立了财务风险管理与财务治理和财务战略的整合框架。以此框架为基础分步进行中小企业的财务管理。

③剖析了中小企业的财务风险控制环境以及目标设定,并从筹资风险、投资风险、资金回收风险和收益分配风险四个方面识别了中小企业的财务风险,揭示中小企业财务风险的形成机理。识别风险后阐述了中小企业财务风

险的评估流程，并设计了中小企业财务风险的评估指标和模型。同时提出了中小企业财务预警系统的设计和应用。

④讨论了中小企业财务风险的反应策略与控制策略，并对财务风险的控制机制和方法进行了描述，最后阐述了中小企业财务风险的信息、沟通与监测机制。

⑤在完成中小企业财务风险管理体系的设计后，以两家公司为例进行分析。MJ公司的案例说明了财务风险的评估方法以及框架实施的过程。DL公司的案例说明了内部管理报告这一控制手段的应用。从实践角度给中小企业财务风险管理提供了借鉴。

⑥对中小企业财务管理体制创新和全面风险管理理论的发展进行了补充，这些内容是中小企业财务风险管理发展的理论基石，以期未来的中小企业财务发展能有越来越多的最佳实践出现。

本书将COSO-ERM风险管理框架应用于中小企业财务风险管理，初步建立一套适合中小企业的财务风险管控框架。基于中小企业资金运动的角度，从筹资风险、投资风险、资金回收风险和收益分配风险四个方面识别了中小企业的财务风险，并揭示了中小企业财务风险的形成机理。设计一套基于COSO-ERM风险管理框架的中小企业财务风险评估体系，从过程评估和结果评估两个角度设计了中小企业财务风险的评估指标和模型，并给出相应的风险反应策略与控制策略。

二、中小企业财务风险管理发展展望

本书研究了基于COSO风险管理框架的中小企业财务风险管理问题，但基于财务风险的复杂性以及我国中小企业财务风险研究尚处于起步阶段，研究的局限性在所难免。本书对中小企业财务风险管理的研究只是初步探索，由于中小企业的范围广泛，其财务风险也会因中小企业自身行业、区域、规模等特点的不同而产生差异，本书只是笼统地对中小企业财务风险管理进行了研究，尚没有针对中小企业的个性差异和行业特征进行有区别的研究，因此需要进一步分析研究。鉴于财务风险的复杂性，本书只研究了其中最常见的四种财务风险，而且对其影响因素的分析也不够全面深入，所提出的应对和控制策略也存在一定的局限性，需要进一步完善。ERM框架在我国中小企业中的应用与实施仍存在着许多需要注意的问题，就此框架的应用进行后续的深入研究仍然是颇具意义的。

对于我国中小企业财务风险管理的发展，有必要关注以下的问题和趋势：

1. 处理好企业内部控制与风险管理的关系

从国际内部控制和风险管理的发展趋势来看，两者既有融合又有明确的差别。从全面风险管理和内部控制的框架结构来看，全面风险管理增加了三个内部控制的目标、相应的战略目标，经过改进后的全面风险管理有八个要素。实质性内容上，全面风险管理贯穿于整个管理的全过程，而内部控制仅仅是企业管理的一项职能。全面风险管理建立在风险准确度量的基础上，更有利于企业风险偏好和发展战略的一致性。中小企业应该处理好两者之间的关系，明确财务风险管理的侧重点在于价值创造。

2. 努力加强理论方面的研究

我国关于风险管理的研究一直处于较为落后的状态。COSO关于企业风险管理的研究在某种程度上不一定完全适合中国企业的实际。所以，中国的相关学者应该更加努力地进行企业内部控制与风险管理方面的理论研究，希望可以尽早地形成中国独有的内部控制和风险管理的理论框架。必须在国情与环境分析不断融合的基础上，更加深入的探索内部控制与风险管理、公司治理、企业管理方面的关系。更加明确风险管理在未来企业发展中的重要地位，找到收益大于成本的切合点，才能更好地使中国特色社会主义市场经济立足于世界。

3. 明确我国中小企业风险管理机制的发展趋势

（1）我国风险导向型发展的必然性

随着经济的不断发展，新技术、新市场的不断出现，中小企业经营模式和组织结构也会发生改变，企业在创造巨大的收益的同时也会有损失。所以中小企业在日趋复杂的环境中将会面临越来越多、越来越复杂的风险。在这样社会大环境下，企业必须要更加重视风险管理，只有这样才能减少和避免企业损失，这就表明，风险导向型的管理机制的建立和不断完善是很有必要的。

（2）风险管理从实体企业转向虚拟企业

当企业面临全球化的市场竞争环境时，即使存在竞争，企业之间也可以通过有效的合作实现双赢，这是信息时代竞争和工业时代竞争最大的不同。在信息时代，无论企业规模大小，其经营都是处在一种完全开放的信息和经营环境之中，任何一个企业都不可能永远保持在所有业务领域的垄断和优先地位，如果全部业务都由自己来承担，它必然面对所有相关领域的竞争对手，无法保有企业的核心竞争力。所以供应链和价值链的思想将在财务管理中极大地被应用，企业的组织形式将越来越多样化。外包业务、战略联盟、虚拟企业将使风险管理的机制由实体企业转向整个价值链。如何使多个企业能在一个统一的系统控制下实现协作经营和协调运作将成为财务风险管理的一大领域。

（3）风险管理从自动化转为智能化

中小企业风险管理的发展方向将由自动化转为智能化。人工智能是计算机可以实现的功能之一，正以难以想象的发展速度进入日常生活和企业经营活动。人工智能不但具有自动处理会计业务和反馈控制等功能，还具有会计以及其他领域专家的知识和经验，具有学习、联想、推理和判断的能力，并且具有智能化的视、听、说等多媒体能力，也许智能化是风险管理可预见发展趋势的最高境界。

（4）风险管理从微观走向宏观

随着全球经济一体化进程的加快，企业间的竞争必然演化为国与国之间、地区与地区之间的竞争，因此，如何加强一个国家整体的竞争实力、如何更好地开展地区合作已成为各国经济发展的重要战略之一。因而，风险管理也必然要从企业的舞台走上国家实行宏观控制的更大的舞台。在实现资源在全社会的优化配置、制定国家行业发展计划、带动科技的发展和促进管理规范化等方面，风险管理将大有可为。

参考文献

[1] 向德伟. 论财务风险 [J]. 会计研究,1994 (4).

[2] 怯来法. 现代中小企业理财说财务风险研究 [D]. 国家图书馆博士论文库,1995.

[3] 周首华,杨济华,王平. 论财务危机的预警分析——F 分数模式 [J]. 会计研究,1996 (8).

[4] 杨淑娥,徐伟刚. 中小企业财务预警模型——Y 分数模型的实证研究 [J]. 中国软科学,2003 (1).

[5] 汤谷良,林长泉. 打造 VBM 框架下的价值型财务管理模式 [J]. 会计研究,2003 (6).

[6] 宋建波. 中小企业财务风险控制 [M]. 北京:中国人民大学出版社,2004:63 - 69.

[7] 阎达五,杨有红. 企业内部会计控制系统 [M]. 北京:中国人民大学出版社,2004:91 - 111.

[8] 鲁特著,刘霄仑主译. 超越 COSO——强化中小企业治理的财务风险控制 [M]. 北京:中信出版社,2004:1 - 60.

[9] 美国 COSO 制定发布:中小企业风险管理:整合框架 [M]. 方红星等译. 大连:东北财经大学出版社,2005:1 - 35.

[10] 童玮,魏海坤. 神经网络剪枝算法在中小企业 ST 预测中的应用 [J]. 南京理工大学学报(自然科学版),2005 (10).

[11] 叶华. 中小企业财务风险评价与控制研究 [D]. 华中农业大学博士学位论文,2005.

[12] 张宜霞,刘明辉. 企业风险管理整合框架及其评价 [J]. 财务与会计,2005 (4).

[13] 李心合. 论制度财务学的构建 [J]. 会计研究,2005 (10).

[14] 李晓峰, 徐玖平. 中小企业财务预警的 BP 神经网络模型的建立及其应用 [J]. 数学的实践与认识, 2006.36 (4).

[15] James C. Van, Home John and Tohn, Fundamental of Financial Management [J]. The Accounting, 2006 (50): 163 – 169.

[16] Alexandre Ttindade, Approximating the distributions of estimators of financial risk under an asymmetric Lap lace [J]. Computational Statistics, 2006 (5): 12 – 15.

[17] 吴富中. 基于管理会计的内部管理报高体系构建——以得力文具为例 [J]. 财会月刊, 2016 (4).

[18] 刘建华, 戴逷海, 谢娟. 中小企业财务管理创新研究 [J]. 市场周刊, 2016 (12).